美股 ETF

順勢投資

元澄——著

讓世界頂尖公司和經濟趨勢

$$$ 為你賺錢 $$$

suncolor
三采文化

U0013564

天上的雲朵看似緩緩地飄過，

實際上，

它移動的時速驚人。

所有投資都有風險，

請謹慎評估。

目 錄
CONTENTS

PART I　知己知彼，百戰多勝
認識自己，認識市場

自序 /

重逢美股的
新生之路

．．ıl

　　十幾年前，我在多倫多大學的一堂金融課上，望著教授和白板一堆複雜的數學公式發呆，眼看還有漫長的時間要度過，實在忍不住找身旁陌生的同學低聲開聊，希望時間能過得快一些。只是才聊沒多久對方就陷入了沉默。下課鐘聲一響，我正轉頭要道別時，同學才緩緩地吐出：「剛剛只和你聊幾句，我就損失了 8,000 元（加幣）。」我瞄了他的筆電螢幕一眼，天啊，這位同學充分把握上課時間用真金銀彈在股海裡衝浪，一分神就不小心被海浪捲走了。以當時的匯率計算損失超過二十萬台幣，對大部分的學生來說都不是一筆小數字。他嚇到，我也嚇到了。那一年，正是金融海嘯發生的 2008 年。

　　我在大學三年級時目睹了整場金融風暴，隔年在投資市場的一片哀號聲中畢業。當時的股市讓人見識到「沒有最低點，只有更低點」。受到整個市場低迷的氛圍影響，我決定向股市說再見，也選擇不進入金融行業，擔心接觸股市會為人生埋下一顆不定時炸彈，資產隨時都

可能如風暴般下墜──這可不是我想納入的人生畫面。可惜，當時我並不了解在逆勢中也不乏因應的投資策略和選擇，其實不需要慌張，因而錯過了一段投資的寶貴時光。

以前總覺得「現在」不應該被「未來」綁架，生活想花就花，不要負債就好。只是這樣的日子過沒幾年，我就莫名開始感到薪水趕不上變化，體力追不上年紀的無形壓力。對生活經濟無虞又自由的渴望也越來越強烈，想法逐漸改變，開始思考如何「不犧牲現在，但又擁有未來」的可能及可行方法──投資。於是十年後我從頭開始，利用假日慢慢重拾那些早已忘光的投資基礎，並收穫更多新的投資工具和知識。從前被視為的人生不定時炸彈，為我後來的生活帶來更多自由的選擇。

再次進入股市，我決定先探索台股。起初每天開盤都好像在等樂透開獎一樣，自己搞不太清楚狀況，一陣子後才發現台股經常跟著美股的走勢發展。美股不但是世界經濟的指標，也是台灣很多企業的重要客戶和投資金主，所以美股一有動靜就會牽動到台股。如果想預測台股的開盤，可以參考剛收盤的美股表現；如果想預測美股的開盤，可以參考美股指數期貨走勢。身為時間與精力有限的投資者，看兩盤不如看關鍵的那一盤，因此在過程中發現了美股 ETF 的投資優勢。這十年來美股 ETF 的成長變化很大，而這股趨勢還在發展中。

人生的路都不會白走，學生時期的經歷雖然讓我失去了一段投資時間，但也帶來了兩個無價的啟發。一是對市場抱持謙卑，明白這世界永遠都有我不知道的事情正在發生。二則是盡量不將投入股市的錢

視為「我的錢」，會容易產生比較強的得失心、控制欲和執著，對投資判斷不太有利。我將投資的錢看作是已付出購買的賺錢工具，運用得當可以連本帶利回收。若投資失敗就是工具毀損或報銷。觀察投資大師們和國際知名金融機構的預測一段時間後，意外地發現他們預測失準有如家常便飯，強者也需要從錯誤中學習成長。茫茫股海不為凡人所控，對不凡的人來說也一樣充滿挑戰，我們都在探索的路上。

為什麼要投資？這個思考會影響一個人的投資風格。每當我在海量的市場資訊和無常變化中感到迷茫時，就會提醒自己「人生」才是投資的目的，要用投資來服務人生，不用人生來服務投資，然後自我整理——看清重點。投資要從容，手上就要保留足夠的生活和緊急預備現金，即使投資十毛拿不回一毛，心也要能自由自在，生活能吃能睡。投資能創造的不只是錢，還有過程中的自我實現及樂趣，這也是一種無價的收穫。畢竟，真正影響人生的不是數字，而是那顆看待數字的心。最棒的投資結果是賺錢也賺快樂。

股市蘊含著無數關於世界的訊息，身為永遠的學生，我也持續在吸收、調整和適時放過自己的循環中運作。這本書沒有致富的保證，也沒有一招打天下的投資方法，但它有提高獲利機率的素材。這世上有成千上萬種賺錢的投資法，每個人的錢途都無可限量，但只有找到符合自己性格、生活和興趣的投資方式，才能真正實現富活人生。

關於這本書

《順勢投資美股 ETF》為讀者提供一個美股 ETF 的市場輪廓，協助從中找到適合自己的投資方向和模式，進一步深入探索，建立自己的財富道路。本書主要分成兩個部分，PART I 的基礎知識和 PART II 的多元選擇。

PART I 主要是認識自己的理財需求和了解美股 ETF 的市場環境，為進入投資叢林做好準備。第 1 章是美股 ETF 的基本介紹，除了優勢也包含挑戰和風險。進入投資不難，但要持續投資卻不容易，在第 2 章會談到自我準備和資源分配，因為自己是投資成果的真正關鍵，希望投資之路順遂，首先要搞定一些個人因素才能穩定步伐，避免上船三分鐘就暈船，不但損失時間和金錢，還半途而廢收場。打點好自己後，第 3 章我們就要開始認識美股的投資環境，透過一些市場指標來熟悉道路，包含基本面和技術面的重點指標。這些路況指標是來協助我們避開冤枉路、危險路和死路，讓我們盡可能平安順利抵達理想的目的地。

接下來，我們在第 4 章要評估整合個人和市場的條件，選擇適合自己的路線，也要為路上可能發生的情況做好因應策略。不管是山路或是水路，我們時常都需要決定方向，因此要有一套投資決策的方法來降低誤判和迷失的可能。萬一路上遇到意外，我們也要學習如何透過停損和停利來減少破財，維護收益，然後從實踐中不斷調整，升級我們的投資組合以達成目標。為了使路途順暢，我們在第 5 章會了解到順勢投資的重要性，還有認識能讓投資組合如虎添翼的績優股和特

殊工具型 ETF，作為投資的靈活搭配。市場上的投資選擇琳瑯滿目，我們要養成謹慎了解和比較的習慣，才能在提高報酬的同時也降低風險，做相對明智的決策。

PART II 是關於美股 ETF 的大方向投資選擇介紹，投資選擇是實踐獲利的主要關鍵。在不同經濟局勢下，認識的選擇越多，在不同時機點能運用的賺錢選項就越多。讀者可以專注在單一領域，也可以朝多元的投資領域發展。從大範圍開始，第 6 章會介紹整體市場 ETF，讓投資人不必煩惱大海撈針，直接當整片海洋的股東，在經濟循環中做投資的布局。這片大海市場又可以再分為不同的產業類別，每個產業都有專屬的特性，依據不同的產業發展階段，投資者可以透過第 7 章的產業型 ETF 把握相關的成長時機。除了產業分類，在第 8 章還有以地區經濟分類的區域型 ETF，也就是針對個別國家或區域範圍的市場進行投資。每個地區的經濟發展情形和優勢都不同，投資者可以在不同階段選擇最具成長潛力的市場。

另一個不容忽視的投資領域就是金融市場，包含債券市場和貨幣市場。在某些經濟循環階段，第 9 章的債券型 ETF 會是很好的投資選項，也是投資組合常見的避險搭配。面對競爭激烈的全球市場，各國的貨幣政策和貿易狀況對世界經濟有廣泛的影響，因此讀者可以在第 10 章了解到不同貨幣的特性，依據國際市場的趨勢變化，透過貨幣型 ETF 參與外匯投資。最後在第 11 章的主題型 ETF，讀者可以認識更廣闊的投資選項，它的優勢是可以靈活聚焦在特定的市場，尤其是當下成長快速的市場。多元的投資選擇蘊藏著無限可能，我們都能在無窮的市場找到屬於自己的一片天。

　　這本書是一名投資者的學習和經驗分享。讀者不必認同書中所有的觀點和想法，尤其在市場錯綜複雜的因素交錯下，有時未必適用於所有情況。每一位讀者都有可能成為非凡的投資者，發展出自己獨特有效的投資模式，希望這份內容能為讀者的成功之路提供一些助力。世界各個有「錢景」的地方都很熱鬧，不管吃香喝辣或是吃土，我們都不孤單！

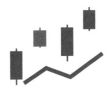

PART I

知識和經驗不能保證一定賺錢，
但可以提高賺錢的機率

知己知彼
百戰多勝

| 認識自己，認識市場 |

第 **1** 章

進入美股 ETF：
讓市場為你賺錢

　　美股 ETF 匯集了世界的頂尖企業，讓許多人能夠在百忙生活中自主投資，為自己的未來做更好的理財規劃。首先，我們要對美股 ETF 有一些基本的概念，認識進入美股市場的管道，並善用數位時代工具幫自己通過語言和知識的關卡，讓投資自然地成為生活的一部分。

美股 ETF 的
優勢及常見分類

　　當我決定要開始投資時，面對股市這片汪洋大海，發現要了解東西還真不少，包含基本面、技術面、籌碼面和新聞追蹤等，要實際深入認識一間公司並沒有想像中輕鬆。身為業餘投資者想要一次了解及追蹤很多公司似乎不切實際，而且研究後思考「要不要買」、「要不要留」、「要不要賣」又是另一件事，因為沒有任何資訊和決定能夠保證一定賺錢。有些人可能光看到投資需要評估的種種細節就打退堂鼓，有些人則可能選擇跟著潮流，先投錢再說，在股海裡浮浮沉沉。起初我不了解美股 ETF 也沒特別關注它，只是在想著如何找到合適自己的投資方法，又不成為投資奴隸時，這個貼近現代人投資需求的選擇就引起了我的注意。

　　ETF（Exchange Traded Fund）是一種可以像股票交易的開放式基金，台灣證券交易所稱作「指數股票型基金」，而基金主要是募集一群人的資金，由專業機構投資管理。ETF 不像共同基金有繁複的申

購和贖回手續，而且費用率比較低，資訊也比較透明。比起股票的單一性，它可以一次投資一籃子的股票，分散風險。例如買進代號 SPY 的 ETF，就相當於擁有約 500 間經過篩選的美國上市公司股票。簡單來說，ETF 具備基金的投資多元性，還有像股票買賣一樣的便利性。

對一般投資者來說，ETF 讓投資領域變得更寬廣，交易也相對容易，不必大海撈針逐一研究，追蹤無數的財報、新聞、內部高層人士異動和發展動向等密密麻麻的數據和資訊。當某個產業趨勢崛起時，也不用一間間搜尋，苦於選擇和比較，可以善用 ETF 篩選過的標的，在相關領域進行一籃子公司的分散風險投資。這樣的特性很適合作為現代投資人的理財工具，也是 ETF 在近年崛起的關鍵之一。

根據國際知名的資誠聯合會計師事務所公布的 2026 年 ETF 展望報告指出，全球 ETF 規模從 2016 年的 3.3 兆美元翻了近三倍，在 2021 年快速成長到 10 兆美元，並預估 ETF 的規模會在 2026 年達到 18 兆美元。

全球 ETF 市場目前以美股 ETF 最具吸引力，它匯集世界許多的頂尖企業，加上美國金融市場的開放和成熟發展吸引了全球無數的投資者參與，建立了豐富完整的金融生態，成為 ETF 最大的領導市場。我們除了可以投資到生活常見的蘋果、微軟、Google、可口可樂、星巴克等世界級企業，還可以投資到全球不同產業中的隱形優秀企業。如同一般外國人可能不認識台積電，但透過美股 ETF 就能很快發現它在半導體產業的重要地位。這些不斷成長和創新的企業多如繁星，當選擇太多不知該如何下手時，ETF 便是一個很好的標的。在尋找各

類的潛力個股方面，美股 ETF 的成分股也是一個不錯的發掘管道。投資美股 ETF 有三大優勢：

1. **選擇性**：美股 ETF 的選擇是台股的十倍以上，可以投資到不管在經營、創新及獲利方面都出類拔萃的世界級組合。
2. **成長性**：美股有很多業務橫跨全球市場的企業，累積的營收數字和成長速度都很可觀。以長期的大盤數據來看，美股的投資報酬率也比台股高。
3. **市場性**：台股占全球股市規模約 1–2% 左右，而美股占全球股市規模大約一半，不但資金與交易量大且流動性高，股價較不容易受炒作影響。若市場或交易量小，代表少數人就能影響股價，也容易延伸出溢價或折價等問題。

ETF 除了可以投資產業還有其他多元的選擇，包含追蹤國家或地區經濟發展、商品期貨、債券市場、外匯市場和房地產等不同領域。ETF 涵蓋的範疇可以很廣泛也可以很聚焦，組合相當靈活多元。一般剛接觸 ETF 的投資者如果不知該如何下手，比較簡單的方式是從 ETF 分類了解概括，然後縮小範圍選擇適合自己的投資領域。

雖然 ETF 目前沒有統一的分類，海內外相關機構的歸納也不盡相同，但是可以大致分為以下常見的 ETF 種類，可作為選擇方向的參考。根據下列的類別，有些 ETF 同時也可以擁有多種屬性特質，例如「ProShares 三倍放空 S&P 500 指數 ETF」就同時具備股票型＋槓桿型＋反向型 ETF 的特性。

1. **股票型 ETF**：追蹤股票市場指數或依據特定主題條件篩選出一籃子相關股票，公司股票可以少於 30 間，也可以超過 5,000 間不等，範圍可大可小。
   - **產業型 ETF**：追蹤特定產業為標的的 ETF，例如金融指數、科技指數等。
   - **區域型 ETF**：追蹤國家或是特定區域範圍市場的相關指數。
   - **主題型 ETF**：以主題概念或趨勢發展所匯集聚焦的 ETF，例如高股息、元宇宙等。
2. **債券型／固定收益型 ETF**：大多以國家債券和公司債券為主，目標追求相對穩定的報酬。
3. **商品型 ETF**：多數以追蹤原物料期貨指數為主，有些則會持有商品或相關生產公司，常見的投資商品有能源、貴金屬、農產品等。
4. **貨幣型 ETF**：追蹤單一國家或是一籃子國家的貨幣，匯率的波動會影響 ETF 的漲跌。
5. **特殊工具型 ETF**：滿足不同投資策略和績效表現的投資選項。
   - **槓桿型 ETF**：放大所追蹤標的之投資報酬，績效通常以標的漲跌的倍數為目標。
   - **反向型 ETF**：在看跌時可做避險投資，在基準標的下跌時會上漲，上漲時會下跌。
   - **單一股票型 ETF**：對單一股票進行槓桿或反向交易的 ETF。

　　除了上述的類型，在市場資訊中也常會看到「被動型」和「主動型」ETF。被動型 ETF 是指追蹤各類指數，以貼近指數的表現為目標的 ETF，可以是產業、債券、商品或是國家股市指數等。專業經理人

可以用複製模式買進指數所涵蓋的成分股，或是運用與指數掛鉤的衍生性金融商品來達到目的，通常費用率較低，例如追蹤 S&P 500 指數的 VOO，追蹤納斯達克 100 指數的 QQQ，還有追蹤中小型公司的羅素 2000 指數 IWM 等都是市場知名的被動型 ETF 投資選項。

主動型 ETF 是由專業經理人選股配置的投資組合，以超越相關主題指數的最佳績效為目標，通常費用率也比被動型 ETF 來得高。經理人的眼光及能力對主動型 ETF 的表現影響很大，目標是超越被動型 ETF，例如由凱西・伍德（Cathie Wood）所帶領的方舟投資，旗下的主動型 ETF 曾創下成果輝煌的紀錄，受到市場熱烈的追捧，只是隨著經濟變化股價大起大落，長期的投資實力還是需要經過時間的驗證。不管以上哪一種 ETF，找到適合自己的投資選擇最重要。

1-2

美國和台灣的
股市規則有些不同

　　美國和台灣的股市規則有一些不同，了解這些差異有助於交易順利。雖然台股和美股的股價顯示都是以「一股」為單位的價格，但台股買賣習慣以「一張」為單位（台股的一張等於一千股）。換句話說，台股的股價要乘以 1,000 才是一張股票的價格，而美股比較直接，用股價乘以想買進的股數就是投資金額。在美國股市，綠色代表上漲，紅色代表下跌；在台股紅色表示上漲，綠色表示下跌，兩個文化剛好相反。當股市劇烈動盪時，台股市場會有「漲跌幅限制」，一天漲跌幅度的最高限制是 10％，但美股沒有所謂的漲跌幅限制，而是在波動過大時會有暫停交易的「熔斷機制」，顧名思義就是在市場反應過熱時會斷電，讓市場冷靜一下。若恢復交易時情況無法改善，股市可能就會在當天休市。

　　美國股市的交易時間以美東時間為主，星期一至星期五從上午 9：30 開盤到下午 16：00 收盤。美國有實施日光節約時間，分為夏令時

間（三月的第二個星期日到當年十一月的第一個星期日）和冬令時間（十一月的第一個星期日到次年三月的第二個星期日），兩者會有一小時的差異。美國夏令的交易時間是台灣晚上 21：30 到隔天凌晨 4：00，冬令的交易時間是台灣晚上 22：30 到隔天凌晨 5：00。美股還有「盤前交易」和「盤後交易」時段，美東時間的盤前交易為凌晨 4：00 到上午 9：30，而盤後交易時間為下午 16：00 到晚上 20：00。另外，美國股市的休市日期可以參考紐約證交所發布的相關資訊[*]，目前已公布到 2025 年。

在財經資訊常會出現「美國超級財報週」這一詞，也就是上市公司公布財務報表的時期，主要集中在每年的一月、四月、七月和十月中，通常會持續兩三週左右。財務報表就是公司的成績單，尤其大型公司的財務報表反映著市場的經濟狀態，會影響整體股市的表現。美國上市公司的財報以季報和年報為主，不像台股還有「月營收報表」。美股也沒有提供像台股每日三大法人買超賣超的籌碼面資訊。

許多投資人都很關心股息，除了個股，許多美股 ETF 也有配息。台股大多採一年配息一次，但美股很多採季配息，也就是一年配息四次，也有些採月配息或年配息。除非政府與美國有特殊的稅務協議或公司的註冊國家不是美國，否則美國公司會對非美國籍投資者扣 30% 的股息稅。特別重視股息和殖利率的投資者可以考慮選擇台股，因為台灣上市公司多數是以配息方式回饋股東。美國公司配息沒有台灣公

---

[*] 美股休市日期參考：www.nyse.com/markets/hours-calendars

司普遍，平均殖利率也低於台股，主要強在「股息成長率」！

　　簡單來說，因為美股的股價成長空間大，平均殖利率雖然不特別亮眼，但股息隨著股價的比例成長也會形成可觀的報酬。美國有許多上市公司的業務遍布全球，股價翻倍成長的情形在市場上並不稀奇。假設美國某上市公司都穩定配息 1%，當股價從 100 元逐漸漲到 1,000 元時，股息也會從 1 元成長到 10 元，成長十倍。因此，有些投資人從成長潛力來看，即便非美國籍投資者要被扣 30% 的股息稅，整體報酬還是具有相當的吸引力。關鍵還是選對會長大且能生出金雞蛋的個股或 ETF 最重要。

　　想查詢股息成長率的投資者可以參考 Seeking Alpha 網站，輸入公司或 ETF 代號進入到相關頁面後，點選「Dividends」的頁籤，再選次頁籤「Dividend Yield」可以看到殖利率，或是選另一個次頁籤「Dividend Growth」就可以看到股息成長率。更多關於高股息 ETF 的介紹會在第 11 章分享。

　　美國公司除了發股息，另一種常見的股東回饋方式是股票回購，也就是公司買回自家的股票，例如股神巴菲特的波克夏公司還有 Google 的母公司 Alphabet 長年都不發股息，但會回購自家公司股票。這會使公開流通的股票數量降低，增加股東的持股率也提高每股盈餘 EPS，通常對股價有利。只是市場也會有不同的聲音，有些投資人認為公司應該要將資金運用在研發、創新或是併購才能有效提升價值和競爭力，使股價有更大的成長空間才是回饋股東最好的方式。總之，在股票回購方面主要留意頻率和規模是否適當即可。

投資美股的管道及
海外資產的風險

　　投資美股 ETF 的方式目前有兩種，一種是透過台灣券商的複委託服務，優點是使用中文介面比較熟悉方便而且帳戶就在台灣，但交易需要支付手續費和證交稅。另一種是選擇可以直接在網路上開戶的美國券商，用海外帳戶做投資管理。海外券商的投資項目選擇更多，而且許多都有推出零手續費的優惠，例如美國知名且有中文客服的券商就有嘉信理財（Charles Schwab）、盈透證券（Interactive Brokers）、第一證券（Firstrade）等，這些券商都各有特色。市場原本有一家知名的德美利證券（TD Ameritrade）在 2020 年被嘉信理財併購，它的 Thinkorswim 交易軟體受到許多投資人的推薦，功能齊全又好用，也期待兩家證券商後續的升級整合。

　　美國券商競爭激烈，投資市場瞬息萬變，請留意條件可能隨時都有變化，開戶前要做好確認，還有搜尋券商近期是否有值得留意的新聞事件會比較保險。例如第一證券在 2019 年有發生過疑似駭客入侵事件，雖然官方回應是他們聘請的網路安全公司在進行深度測試時所

導致的意外，聲明安全無虞，但這就要由投資者自己審慎考量。

　　透過美國券商投資美股除了有較低或是零手續費的優勢以外，還有成熟完善的投資功能，例如我自己常用的有「股息再投資」（Dividend Reinvestment Plan, DRIP）和「取消前有效」（Good-Till-Cancelled, GTC）。股息再投資是指當持有的股票產生股息時，可以自動化將股息繼續投資該股票，時間累積下來會使持股持續增加，達到錢滾錢的複利效果。不只股票，許多 ETF 也有配息，所以同樣可以使用股息再投資的機制。只是股息再投資需要直接透過美國券商比較方便，目前很多台灣複委託還沒有提供這樣的服務。

　　關於「取消前有效」的長效單是指跨天期的觸價委託單，可以設定自己理想的買進或是停損價格，只要在有效期間內，市場一觸到設定的價格就會自動下單。大部分的委託單都是以當日為主，長效單的好處是不用在台灣熬夜盯美股，省下盯盤時間和減少市場干擾，可以理性思考和決策，不用隨著股市情緒起舞。有些美國券商的委託有效期可以長達 180 天，也就是自行選取 180 天內到期的任何交易日。台灣券商的長效單期限較短，通常有效期在 90 天以內，如果期限不夠可以在檢視投資時再重新設定一次，就能延長有效時間。話說投資股票也應該要定期關心，檢視的間隔時間不宜太久。

　　投資美股 ETF 很重要的還有留意海外資產的變化，需要關心三個影響因素，一個是匯率，美元的升值或貶值會影響到資產的增減。另一個是費用率，雖然 ETF 的費用率普遍比共同基金低，但比起股票，它還是多了一項會持續內扣的管理費用。在下單前要先了解它的

費用率，尤其主動型 ETF 通常會比被動型 ETF 來得高。投資時間越長，費用率對整體報酬影響越大，即使只差一點，時間累積的複利結果就會差很多。

再來是稅率，先前提到美國公司對外籍投資者會扣 30% 的股息稅，但對買賣的資本利得（差價獲利）則不扣稅。在台灣，稅務的部分，海外的股息和資本利得都算海外收入。台灣海外所得申報以「戶」為單位，申報戶全年海外所得未達新台幣 100 萬就免予計入也不需申報。如果海外所得超過新台幣 100 萬以上就要申報並全數計入基本所得額。目前基本所得額的免稅額度為 670 萬，只要不超過這個金額就沒有繳納基本稅額的問題。稅務規定並非萬年不變，最新正確版本還是要以財政部國稅局公布的規定為主，可以上網參考「財政部稅務入口網」查詢最新規定。

隨著世界經濟的變化，海外的稅務政策也不斷地改變，例如美國國稅局（IRS）自 2023 年起，針對非美國籍的投資人在賣出或轉移 PTP（Publicly Traded Partnership，公開交易合夥企業）標的時要扣繳交易總金額 10% 的稅額，也就是屬於 PTP 架構的 ETF 同樣會被課稅，還好目前受此影響的 ETF 並不多。有許多投資者對這樣的情況並不了解，為了避免投資糾紛，國內外的券商也都有應變的方式。大部分的台灣券商在此法案生效前就陸續採取停止相關委託交易的措施，也就是用複委託方式不會買到 PTP 架構的 ETF 和公司。若使用的是美國券商，投資人在正式遞出買進委託前，多數的交易系統也會有相關的告知提醒顯示。諸如此類的情況可以在下單時留心系統出現的提醒，仔細衡量風險以避免造成損失。

1-4
英文不是障礙，
有協助的方法和工具

　　談到美股，許多人似乎有興趣但也感到卻步，覺得自己不只要會英文，還要懂國際財經知識才有辦法進入美股市場。老實說，不管美股或台股，投資領域有很多的基本知識概念都相通。如果沒有基礎，投資台股也會遇到看不懂的問題。想進入美股的投資者可以先以中文學習投資基礎，再熟悉相關的英文單字。陌生的語言確實容易使人產生一些心理障礙，但投資真正的挑戰不在英文，而是深不可測的股市，買到會賺錢的項目才是投資的重點。

　　投資的參考資訊主要有數據和內容。阿拉伯數字是世界的共通語言，技術面和財報分析等重要的數據參考在海內外都大同小異，大多是固定的項目，不必擔心有學不完的英文單詞。如果可以把一些中英對照的重點單字和縮寫記起來就很好用，也比較不會害怕上外國的投資網站瀏覽資訊，而且很多中文版的財經資訊網站也很常用英文標示，例如 Volume 是交易量、PE 是本益比、NAV 是淨值等。當遇到

看不懂的詞彙時，用 Google 查詢也很方便。

初期可能會感覺有些挑戰，但會越來越輕鬆，因為基本面和技術面看久了都是同一群關鍵字，花一些時間適應後就能夠如魚得水。如果想一鼓作氣大量學習會比較痛苦且容易放棄，不如用漸進式的方式，在遇到不懂且好奇的詞彙時就趕緊隨手查一下，多看幾次印象會越來越深刻，慢慢積少成多就更能進入狀況。允許給自己一些時間。

除了數據，在財經資訊內容的部分，許多中文的財經資訊網站也有相關的分析及報導，不會因為英文不好而無法研究了解，像是「鉅亨網」有提供即時的國際財經訊息，還有「MoneyDJ 理財網」可以查詢到許多海外公司的中文版簡介及報導。產經趨勢和政策方向的資訊內容很重要，與美股 ETF 的績效發展有一定的關聯性。

希望能快速掌握第一時間訊息，或是更詳細了解一些個別公司資訊的人可以使用 Google 的網頁翻譯功能，瀏覽海外知名的財經新聞網，包含 CNBC、The Wall Street Journal 或是直接搜尋想要了解的相關新聞。透過 Google 翻譯工具，只要輸入想翻譯的頁面網址，網頁便能翻成中文。大多數經過翻譯的訊息應該都還可以理解，只是要留心還是可能會有翻譯錯誤的問題，重要的參考可以搜尋相關資訊，用交叉比對的方式再次確認。

表 1-4-1　美股資訊參考網站

美股綜合 股市資訊	**• Yahoo Finance**：finance.yahoo.com 雅虎金融是市場受歡迎的免費股市資訊網站，提供豐富的股票資訊、分析工具和新聞，適合新手也適合經驗豐富的投資者。 **• Morningstar**：www.morningstar.com 晨星是許多投資者的參考首選，提供很多免費的股票重要資訊，對投資決策來說有一定的幫助。介面設計能讓分析訊息一目了然。
國際 財經新聞	**• CNBC**：www.cnbc.com/world 國際知名的全球財經新聞媒體，是行業中的佼佼者。提供即時的財經動態和深度分析報導，受大眾信賴。 **• The Wall Street Journal**：www.wsj.com 華爾街日報是具有一定品質的付費財經新聞媒體，也是許多商業和財經專業人士會訂閱參考的資訊網站。 **• Reuters**：www.reuters.com 路透社是世界知名的媒體通訊社，提供許多國際市場和金融的相關資訊報導，中文新聞也會經常看到來自它的翻譯報導。 **• Bloomberg**：www.bloomberg.com 彭博是全球最大的財經資訊媒體之一，除了新聞以外也會提供具有影響力的經濟評論。 **• MarketWatch**：www.marketwatch.com 提供最新即時的財經新聞和股市資訊的報導，也有個人理財觀念及投資教育等內容單元。 **• Barron's**：www.barrons.com 國際知名的財經新聞媒體，早期主要以週刊與報紙形式出版。除了國際財經新聞以外，在投資理財方面也有自己的單元特色，包含股票推薦及相關排行榜。 **• Investor's Business Daily**：www.investors.com 提供很多股市的專業分析資訊，適合進階投資者。當中也有飆股的推薦清單。 **•（中文）鉅亨網**：www.cnyes.com 中文版全球財經新聞網，也有美股資訊單元，像是提供每日的「美股重點新聞摘要」，讓投資者可以方便一次瀏覽美股的重點新聞。 **•（中文）MoneyDJ 理財網**：www.moneydj.com/us/ 除了國際財經新聞報導外，在美股單元也有提供許多美股公司的中文版簡介和相關新聞報導，是台灣投資者可以認識海外公司的參考管道之一。

	• （中文）**華爾街日報中文網**：cn.wsj.com 針對全球華語讀者提供的國際財經新聞，有一定占比的中國財經訊息，但和美國版一樣採付費制。 • （中文）**日本經濟新聞中文版**：zh.cn.nikkei.com 以全球、日本和中國財經新聞為主，可以了解亞洲重要經濟體的市場和產業發展。
美股財報 資訊	• **EDGAR**：www.sec.gov EDGAR 是美國證券交易委員會（SEC）的數據系統，可以在此查詢上市公司年度和季度財務報表。只是介面精簡，不易搜尋及閱讀，但資料完整。 • **roic.ai**：roic.ai 使用上相對簡易的財報資訊網站，會顯示整理過的重點財報數字。 • **BAMSEC**：bamsec.com 協助投資者能有效搜尋及運用上市公司財報的金融資訊網站。
股票技術 分析資訊	• **TradingView**：tradingview.com 以技術分析為強項的投資研究軟體，提供即時市場數據和豐富的研究工具。
國際 經濟數據	• **Trading Economics**：tradingeconomics.com 全球經濟數據網站，不只可以查到許多國家和地區的重要經濟資訊，還有重要的分析預測。 • **WorldData.info**：www.worlddata.info 世界綜合數據網站，涵蓋主題多元，包含人口結構、經濟和氣候等相關數據資訊。 • （中文）**財經 M 平方**：www.macromicro.me 提供全球經濟的參考數據，以圖表呈現協助投資者掌握趨勢脈動，另外還有外匯、原物料和債券等追蹤觀測數據及相關研究工具。 • （中文）**Stock-ai**：stock-ai.com 追蹤全球經濟數據及走勢，也有提供視覺化的重點經濟指數和數據整理，例如全球利率決議、各國進出口貿易概況等。
股息資訊	許多綜合股市資訊網站都有提供股息的相關訊息，以下是以股息為主軸的資訊網站。 • **Dividend.com**：www.dividend.com • **Dividend Investor**：dividendinvestor.com • **Dividend Channel**：www.dividendchannel.com

多數的股市網站都能查到 ETF 的資訊，但在 ETF 篩選及研究工具方面以專門網站的功能比較強大。

ETF 資訊

- **VettaFi ETF Database**：etfdb.com
- **etf.com**：www.etf.com
- **ETF Channel**：www.etfchannel.com
- （中文）**MoneyDJ 理財網 ETF**：www.moneydj.com/etf

**其他
資訊參考**

- **Investopedia**：investopedia.com
素有投資百科的稱號，許多的金融詞彙都能在這裡找到解答，對學習很有幫助。

- **GuruFocus**：www.gurufocus.com
以「價值投資」為主的股票專門網站，可以追蹤到投資大師和投資機構的持股和報導，還有其他國家的股票資訊，功能多元及強大，付費部分適合進階的投資者。

- **The Motley Fool**：www.fool.com
提供股票分析和研究，以股票推薦（Stock Advisor）和規則突破者（Rule Breakers）分析服務聞名，找尋市場具成長潛力的股票選擇。

- **Seeking Alpha**：seekingalpha.com
知名的股票研究網站，資訊豐富，涵蓋同產業比較、財報訊息、股票評級、獲利細節和公司相關新聞等，適合想要升級自己投資組合的進階投資者。

- **Finviz**：finviz.com
以強大股票篩選功能聞名的投資研究網站，提供市場熱圖、熱門股票列表和專業人士的投資見解。

- **TipRanks**：www.tipranks.com
知名的美股分析網站，強項是有投資分析師們的股價評級，也有機構的持股和公司高層的交易等籌碼面訊息，以及財經專家們的觀點等等。有些人會在此尋找一些投資靈感。

- **Jitta**：www.jitta.com
提供許多國家股票的查詢功能。以價值投資標準為依據，會將複雜的財報內容簡化成評分，也按不同股票的屬性提供推薦名單。

- **Portfolio Visualizer**：www.portfoliovisualizer.com
針對投資組合分析的實用網站，可以透過「投資組合回測」（portfolio backtesting）工具檢視組合過去的表現，評估風險和找出適合自己的投資組合。

• **WhaleWisdom**：whalewisdom.com
主要追蹤 13F 報告，簡單解釋為大戶持股明細，可以看到知名的巴菲特的波克夏‧海瑟威、橋水基金、貝萊德等資產管理規模超過 1 億美元投資機構的投資方向，他們在每季度結束後的 45 天之內需要向美國證券交易委員會提交 13F 持倉報告。

• **HedgeMind**：hedgemind.com
提供表現優異的避險基金持股及分析資訊，從增持和減持的視覺化整理中可以看到聰明錢的投資動向。

• **Insider Monkey**：www.insidermonkey.com
提供上市公司內部交易訊息和避險基金持股資訊的整理及分析。

經濟數據發布日期和資訊

• **TradingView Economic Calendar**：www.tradingview.com/economic-calendar/

• **Trading Economics–Economic Calendar**：tradingeconomics.com/calendar

• **DailyFX Economic Calendar**：www.dailyfx.com/economic-calendar

• **DailyFX Central Bank Calendar**（全球重要中央銀行的利率決議時間）：www.dailyfx.com/central-bank-calendar

財務報表發布日期和資訊

• **Earnings Whispers**：www.earningswhispers.com

• （中文）**TradingView 美股財報日曆**：tw.tradingview.com/markets/stocks-usa/earnings/

• **DailyFX Earnings Calendar**：www.dailyfx.com/earnings-calendar

經濟和財報發布時間及資訊

第 2 章

「自己」是
投資成果的關鍵

投資不只是金錢的進出，還是一種自我反照。股市的變化考驗著人的心性，我們會從預期和實際的投資結果落差中，認識到自己和市場。只有持續投資才能讓錢長大，因此找到適合自己的投資方向和方式才能走得長遠，不在中途輕易放棄。投資重要的不只資本，還有自我修練。

2-1

讓投資持續進步的
金鑰匙

　　持續投資是致富的關鍵，可以做到但不容易，因為現實的投資過程並不是永遠光鮮亮麗，中間還有不少的酸甜苦辣，有時甚至會灰頭土臉。錢進股市需要經歷時間的燉熬，尤其股價很多時候可能處於「不漲」的狀態，還會延遲反應或是根本不反應，最糟的當然是朝我們預期的反方向奔馳而去。我們在這條路上要面對耐心的考驗，也要接受不如預期的發展，從中學習調整。雖然買進時都是因為看好上漲，但現實發展又是另一回事，很多人可能撐不到上漲就灰心先賣了。收穫前的種種不如意容易使人萌生退意，認為自己可能無法在股市中賺到錢而退卻。因此，持續投資代表在面對投資困境時，也要有自省進步的能力，即便失手也要能自我療癒，重拾信心和活力，在過程中進化自己。

　　賺錢是投資的最大動力來源，但是在還沒賺錢或是賠錢的情況下，要維持賺錢的信心和進步的動力需要方法。如果將投資看作是一

件為了賺錢的苦差事,當遇到投資不順或是挫折時就很容易放棄。巴菲特之所以能成為股神,功不可沒的是他對投資的興趣與熱情,使他積極投入並持續投資,而且樂此不疲。即便是股神也有犯錯的時候,他總能用熱情將失敗轉化成下一次成功的養分。投資可以很難,也可以很簡單,取決於心態。一旦人有興趣就會努力想辦法,享受解決挑戰的過程,但是當人沒興趣時,對再簡單的概念都會感到無聊或困難,失去動力。

　　老實說,一般多數人可能都沒有巴菲特的那股投資熱忱,畢竟不是人人都喜歡泡在投資世界裡,加上日常還有許多大小的事情會分散我們的注意力,但我們可以創造對自己有利的投資空間和樂趣,在「自己」和「投資」之間取得心理和生活的平衡。了解自己很重要。有人看著錢在股市裡上下波動會緊張興奮,有人會暈眩想吐,也有人完全無感。簡單來說,除了對賺錢的渴望以外,找到屬於自己的投資樂趣,還有適合自己性格與生活的投資方式,才能在這條路上走得更遠。若剛開始沒有什麼想法,可以參考別人的投資模式,然後再慢慢調整為適合自己的版本。

　　創造樂趣能促進投資探索和學習,讓它自然地成為生活一部分,而不是一件獨立於生活外的苦差事。這可以先從自己的興趣、專業或是其他常接觸的領域著手觀察投資機會。與自己較貼近的領域可以自然地了解相關發展脈動,不用費力地從零開始熟悉。像是我有從事金融業的女性朋友,平時喜愛關注歐洲名牌和美容生技的相關發展,她在金融、生技保健和精品的相關領域都有投資。我也有在傳統產業的男性朋友,工作上需要關注原物料的趨勢進行採購,平時下班後的興

趣是打遊戲和研究車子。他在原物料產業、遊戲公司還有汽車公司也有一套自己的投資想法和經驗。

　　除非有強大的動力和意志力，否則想刻意在短時間內吸收所有投資相關知識會滿痛苦且難以成功，不但無法長久，可能還會加速放棄。我平時喜歡四處走走和瀏覽國際財經新聞，自己比較沒有壓力的投資學習方式是打鐵趁熱，當有投資靈感時，就會把握當下的好奇心開始研究搜尋，順著這股動力學習，如果想停止也會允許自己休息。按自己的步調經過了一段時間，還意外累積不少的收穫。

　　另一個我利用性格促進自己學習的方式是「錢在江湖，身不由己」。在風險管理下，我不會焦慮自己在股市的錢，但一定會好奇關心它的發展，不會放著不管。與其研究半天什麼都不做，然後過不久就忘記，不如買進一些，讓它出現在自己的投資組合中。當錢在股市，我會主動去追蹤和思考它的動向，順便學到更多東西。我原本對技術面不太有興趣，反而是在股價發展不如預期，出於好奇想獲得解答時，開始探索技術面這塊領域。因此，運用自己的性格或習慣也能鋪墊一條專屬的學習之路。

　　在投資過程中，我們有時也會感到倦怠，可能因為股市的走勢不明朗，或是對某些投資沒有興趣和把握等因素。我會清理手上的短期投資，將剩下的投資以長效單的方式設好停損點，偶爾關心或調整一下，然後放鬆，直到下一個投資靈感出現。特別的是，每次重新回歸看股票市場，似乎都會有一些新的發現。

　　配合我們人生不同階段的變化，投資也需要彈性。隨著我們的年齡、角色和收入的改變，還有投資經驗和知識的累積，對投資時間和資金的運用安排也會不一樣，像同樣都 30 歲，單身女子和新手媽媽的投資時間和資金分配就會有差異。剛進職場的新鮮人和即將要退休的人對投資的風險承受度也不同，而我們可以隨著人生的變化調整投資的配置，持續投資下去。當我們找到屬於自己的投資樂趣和生活平衡，過程中即便遇到挑戰與挫折也不容易斷氣。只要管理得當，錢在風吹日曬中也能茁壯，還有為自己培養正確的致富心態和習慣，就能讓生活有更多的自由與選擇。

2-2

生活無處不在的
投資靈感

　　我們一天生活下來經常會接觸到不少美國公司的產品和服務。對剛進入美股，但還不熟悉許多美國公司的投資者來說，不妨可以先從生活中尋找投資靈感。以追蹤我朋友艾莉雅的日常生活為例，她一早起床後會用高露潔[1]的牙膏和牙刷盥洗，先生用的是市面上普遍的吉列品牌[2]剃鬚刀。盥洗完後，她會開啟蘋果[3]手機，查看訊息和瀏覽一下當天新聞及臉書[4]社群，然後查看個人的 Gmail 信件和用 Google[5] 地圖搜尋當天要拜訪客戶的地點位置。打點好後就開著特斯拉[6]出門上班，途中時常會到麥當勞[7]走得來速買一份早餐。進辦公室後就會開啟用微軟[8]作業系統的電腦進入工作模式，忙碌地讀著來自四面八方的信件、PDF 檔案[9]和 PPT 檔案報告，偶爾中間還穿插一些會議。

　　中午時間到了，她會在公司附近吃個午餐後刷萬事達[10]卡買單累積點數，然後準備下午的開會資料並外出拜訪客戶，中間有時會到附

近星巴克[11] 用另一張 VISA[12] 卡買杯咖啡提神，偶爾到便利商店買包新口味的樂事[13] 洋芋片嘗鮮。回到公司繼續奮鬥到了下班時間，艾莉雅就會換上 NIKE[14] 的運動衣和運動鞋到社區運動中心健身鍛鍊一下。回家用完晚餐，她習慣會從冰箱拿出一罐可口可樂[15]，和另一半放鬆地躺在沙發上欣賞 Netflix[16] 影集，接著睡前盥洗，把握最後的保養時間。她會用雅詩蘭黛、AVEDA、海洋拉娜等，剛好都是同一個集團品牌[17] 的護膚用品保養臉部和身體，好讓自己每天能容光煥發。

轉眼到了週末假日，他們夫妻會到父母家接小孩，全家一起去 Costco[18] 採購，在家會陪小孩一起看迪士尼[19] 的串流影片，偶爾外出郊遊時車上也會備有簡單的醫療箱，裡面備有 3M[20] 的 OK 繃等護理品以防萬一。小孩放寒暑假時，艾莉雅也會安排全家出國旅遊，他們所搭乘的航空大部分都是波音[21] 客機。以上的生活分享就涵蓋了超過 20 間美國上市公司。

圍繞在我們身邊的美國食衣住行育樂公司還不只這些，只要透過 ETF 就能一次買進這些知名公司的股票，不需要自己辛苦地一間一間操作管理，因為 ETF 會定期汰弱換強。投資人可以選擇追蹤整體市場指數的 ETF（詳見第 6 章），像是 S&P 500 指數的相關 ETF 就能一次囊括到上述和其他市值名列前茅的大公司，或是縮小範圍選擇產業型 ETF（詳見第 7 章），順著產業趨勢投資產業中的佼佼者。如果想投資食品類股，可以選擇「必需消費品」（Consumer Staples）產業的 ETF，或是再細分的食品和飲品相關 ETF。如果想投資時尚或是汽車行業，可以選擇「非必需消費品」（Consumer Discretionary）產業的相關 ETF。偏好投資房地產也有房地產業的 ETF 可以選擇。

表 2-2-1　艾莉雅日常生活接觸的美國公司

	公司（股市代號）	市值（百萬美元）
1	Colgate-Palmolive Co（CL）	65,780
2	Procter & Gamble Co（PG）	348,440
3	Apple Inc（AAPL）	2,870,000
4	Meta Platforms Inc（META）	892,050
5	Alphabet Inc（GOOGL）	1,710,000
6	Tesla（TSLA）	758,010
7	McDonald's Corp（MCD）	213,530
8	Microsoft Corp（MSFT）	2,750,000
9	Adobe Inc（ADBE）	205,250
10	Mastercard Inc（MA）	392,860
11	Starbucks Corp（SBUX）	105,970
12	Visa Inc（V）	530,200
13	PepsiCo Inc（PEP）	237,780
14	Nike Inc（NKE）	158,340
15	Coca-Cola Co（KO）	259,230
16	Netflix Inc（NFLX）	207,750
17	Esteé Lauder Companies Inc（EL）	52,050
18	Costco Wholesale Corp（COST）	286,070
19	The Walt Disney Co（DIS）	166,030
20	3M Co（MMM）	60,750
21	Boeing Co（BA）	147,560

參考資料：Morningstar 2024.01／作者整理

　　除了我們生活常見的國際品牌，還有許多一般人比較不熟悉，但在產業具有相當影響力和份量的領頭羊公司可以透過 ETF 挖掘，像是荷蘭的艾司摩爾（ASML）半導體領先供應商、全球最大的德國工業氣體供應商林德集團（Linde PLC），還有專門研發及製造先進軍工產品的美國雷神技術公司（Raytheon Technologies Corp）等，後續章

節會有更多世界領導公司的分享。值得留意的是，公司的品牌知名度高並不等於公司的體質好，有些只是藉由行銷和市場話題曇花一現，因此對於那些已充滿「期待價值」的股價但獲利尚未成熟的個股或是 ETF 要小心。投資前最好檢視 ETF 重點成分股的公司財務體質了解風險，可以先初步透過公司財務的重點指標來衡量狀態。

　　另一個在生活容易接觸到投資靈感來源是媒體資訊。我們可以從資訊中嗅到產業的趨勢變化，透過產業型 ETF 參與投資，或是看到不同國家的經濟發展，透過區域型 ETF 參與相關的經濟成長。在財經新聞部分，我們也常看到貨幣政策的消息，對股市的影響也很明顯，常見的關鍵字包含利率、量化寬鬆、通膨等。這些政策會使世界經濟的運作產生變化，牽動到原物料價格和匯率，這時可以考慮原物料和貨幣相關的 ETF。

2-3

錢進股市很快，
但真正賺錢氣要長

　　錢進股市不難，但能存活下來並賺到自己想要的數字才是挑戰。投資一兩次獲利並不是真正的賺錢，高報酬率也不是常態。許多人懷抱著致富夢想進入股市，卻忽略了鎩羽而歸的人也很多，甚至有不少人決定此生再也不進股市。對希望能少走投資冤枉路的人，了解別人投資失敗背後的原因會是不錯的警惕參考。探詢長輩和朋友，還有他們朋友的故事一番後，歸納投資失敗的因素很多，其中不乏基礎知識不足、盲目跟風、沒設停損和缺乏耐心等。有些人的情緒會容易受股市起伏影響而倉促決定，而有些人習慣聽別人建議來投資。

　　聽過別人失敗的原因不代表自己不會犯錯，如果不小心還是重蹈覆轍，至少印象也會更深刻，啊，原來真的是這樣！普遍的投資情況是有賺也有賠的相互交錯，賠錢時我們需要檢討，但賺錢時我們也需要思考如何留住獲利，不要在下一筆投資中賠掉。賺錢的關鍵是獲利累績，持續讓錢生出更多的錢。

　　錢滾錢有三個基本要素：本金、報酬率和時間，其中時間的重要性常被許多人忽略，因為今天投資的錢到下個月要漲十倍不太可能，但時間拉長卻有可能發生。除了選對會成長的投資標的以外，還有一種不能忽視的財富累積效益就是「複利」，意指將利息再投入成為本金，當本金持續增加時，滾出的利息也會越多，累積一段時間的總和數字會有很大的變化，連偉大的科學家愛因斯坦都說複利是世界第八大奇蹟，只要比較單利和複利就可以清楚看到之間的差別。單利是不再將利息投入本金，以固定本金所生出的利息加總計算。表 2-3-1 是10 萬元本金和固定年利率 4%，為期 20 年的單利和複利的累績比較。

表 2-3-1　單利和複利的比較

期數	單利（利息不投入本金）			複利（利息再投入本金）		
	本金	利率	利息	本金	利率	利息
1	100,000	4%	4,000	100,000	4%	4,000
2	100,000	4%	4,000	104,000	4%	4,160
3	100,000	4%	4,000	108,160	4%	4,326
…	…	…	…	…	…	…
20	100,000	4%	4,000	210,685	4%	8,427
本利和	180,000			219,112		

　　複利可以一年又一年的滾出越來越多利息，在第 20 年達到 8,000元以上，比停留在 4,000 元的單利利息多出一倍以上。同樣最初本金都是 10 萬元，經過了 20 年複利的利息累積為 119,112 元，而單利的利息累積為 8 萬元，而且時間越久差異就會越大。長期的複利效果會在後半期展現較大的回報差異，前半段則需要先經過一段時間的逐步成長。假設本金 10 萬，報酬率一樣維持 4%，將 20 年延長到 50 年，

複利的利息累積將會超過 60 萬元，而單利的利息累積只有 20 萬元，差距三倍以上。複利時間越長，後續增加的幅度就會越大，因此不可小看複利的威力。

圖 2-3-1 單利和複利成長幅度比較

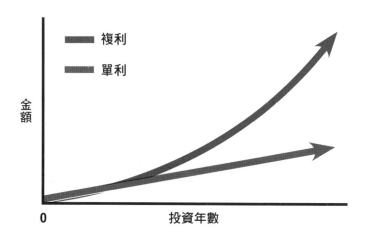

前述的範例只談到一筆本金加純利息投入的複利效果，如果自己還有持續另外加碼本金，那成長的幅度又會加大。換句話說，許多股票和 ETF 都有配息，若抱持相對穩健的成長股或相關的一籃子股票族群，在股價和股息再投資的成長與時間加持下，漲幅會相當亮眼。

如果想知道自己的投資要多久可以翻倍，有一個簡易的複利計算公式——「72 法則」。只要用 72 除以年利率或年報酬率，得出的數字就是本金翻倍所需的年數。假設一個人將 100 萬投資在報酬率相對穩定的 7%，用 72 除以 7 的結果表示需要大約十年的時間，資金就可以翻倍到 200 萬，只是這個公式僅限於將利息或報酬再投入本金的複利計算，不能使用在單利的計算上。

複利是投資必要的常識，透過 72 法則可以簡單地概算出報酬翻倍所需的時間，以 8% 報酬率最準確，最佳適用於 6−10% 的報酬率，與此範疇差距越大則誤差就會增加。若要精確計算翻倍時間可以上網查詢複利計算機得到比較精確的數字。總之，想要達到理想投資報酬就要顧好本金、報酬率和時間這三個要素，也就是投入本金越多，報酬率越高和這兩個前提下的投資時間越長，投資結果越好。

表 2-3-2　72 法則 ── 投資翻倍時間表

報酬率（年）	翻倍所需時間（年）
1%	72
2%	36
3%	24
4%	18
5%	14.4
6%	12
7%	10.3
8%	9
9%	8
10%	7.2
11%	6.5
12%	6

現實的重點是穩定的報酬率，如果投資過程中發生虧損情況，對複利的效果會大打折扣，因此風險管理很重要。股市變化會直接影響到我們的報酬，可惜它無法用公式預測。有許多人喜歡跟隨大師們的選股推薦，只是將許多投資大師們的預測對照實際結果後，會發現連他們都無法準確預估市場，錯估情形也不少，要完全精準預測市場走勢相當困難。

　　投資無法一注定江山，倒是可以一注就破產，所以關鍵在風險管理，才不會一賠錢就失去江山也失去對投資的信心，放棄扭轉人生的機會。每項投資都有不確定因素，我們雖然無法完全避開風險，但可以透過風險管理策略來降低虧損，像是投資項目的「安全邊際」評估考量，也就是當「價格」比「價值」低越多，代表安全邊際越大。當股市下跌時，安全邊際越大的股票衝擊就會相對小。在下單時也要同時思考「停損設定」，將損失控制在我們可以承受的範圍內。只要管理得當，賺比賠多，錢自然也會越來越多。先活下來，才有活得好的可能。我們都要當笑到最後的人。

2-4

配置自己的重點資源：
時間和資金

　　進入投資，首要面對的現實是自己有多少錢可以投資，以及有多少時間可以花在投資上面。假設年花費是 50 萬，年收入 70 萬和年收入 300 萬的人，可以拿來投資的金額及比例就很不一樣，當然每個人的理財和消費風格不同也會關係到可投資的金額多寡。資產配置是一種理財策略，我們的資產可以根據變現的難易度，分成能夠快速變現的流動資產（現金、股票等）和無法快速變現的固定資產（房地產、收藏品等）。本書的主題為美股 ETF，因此接下來所談的資產配置主要是流動資產方面的資本配置，按個人的風險承受度、目標報酬和期望達成的時間來做投資組合的規劃布署。

　　如果期待的報酬越高且達標的期限越短，所要承擔的投資風險也會越高，但高風險顧名思義就是不保證高報酬，因此投資組合最重要的功能之一就是管理風險，讓投資在牛市有不錯的表現，在熊市時也能相對穩定。每個人可以依據自己的風險承受度找到適合屬性的資產

配置來管理風險。

表 2-4-1　風險屬性與資產配置

風險屬性	＜風險資產：低風險資產＞比例配置
進攻型	90：10
積極型	70：30
穩健型	50：50
保守型	30：70
謹守型	10：90

　　所有的資產都有風險，即便是放在保險箱裡的現金也有貶值的風險，存在銀行雖然能獲得一些利息，但也有銀行倒閉的風險，只是在已開發地區的貨幣及銀行相對穩定，風險較小。常見的低風險資產除了現金還有債券和黃金。市場上談的債券通常以信用評等高的國家債券或公司債券為大宗，常作為投資的避險配置。黃金是同時具有貨幣性質和商品性質的貴金屬，雖然價格會起伏波動，但從始至今在危機時都具有保值作用，所以被市場視為重要的避險資產之一，各國的中央銀行也有一定規模的黃金儲備（貴金屬 ETF 詳見章節 7-2）。

　　最常見的資產配置為股票（風險資產）搭配債券（低風險資產），可以根據年齡、性格、投資經驗選擇不同風險屬性的比例配置，將風險控制在自己可以接受的範圍內。既然股票和債券是常見的投資組合，那股票 ETF 搭配債券 ETF 就是一籃子的優質公司搭配一籃子的優質債券，比起單一股票和單一債券的組合更具分散風險的效果。依照表 2-4-1，如果是積極型的投資人，可以將 70% 資金分配

在股票 ETF 和 30% 資金分配在債券 ETF。或是，可以直接投資股債型 ETF，也就是持有股票和債券的二合一 ETF。全球最大的 ETF 發行品牌之一的安碩（iShares）基金在 2008 年推出了一系列的股債型 ETF，投資人可以依自己的風險屬性選擇相關的股債型 ETF（詳見章節 9-4）。

建立適合自己風險屬性的投資組合後，重點是要定期「再平衡」才能發揮資產配置的效果。再平衡是一種在風險管理下，讓資本能以一種比較穩定的方式持續增加。投資經過一段時間的市場波動後，原本設定的資產配置比例也會改變，因此要定期將配置調回到原本設定的比例，管理風險。當經濟市場熱絡時，風險資產會上漲，在資產占比中增加，這時再平衡代表要在相對高點賣出，將部分資金投入低風險資產回到原本設定的比例。當經濟市場低迷時，風險資產會下跌，資產配置比例也會降低，再平衡就是將低風險資產投入風險資產恢復比例水平。

舉例來說，一名穩健型投資人有 100 元可以分配投資，他一開始分別將 50 元投入股票和 50 元投入債券。假設股市行情不錯，一年後它的股票漲到了 70 元，而債券因市場的報酬率沒有股票吸引人而跌到了 40 元。雖然總資產從 100 元增加到 110 元，但股債配置比例已隨著市場波動變為 64：36，風險升高。此時再平衡就是將部分股票賣出並買進債券，讓配置回到原來的 50：50 風險管理設定。

相反地，如果市場行情低迷，有固定收益的債券會比下跌中的股票吸引人。這時如果債券價格上漲到 60 元，就會使它在資產中的占

比上升，而股票下跌到 40 元會使其在資產占比中下降，然後整體的股債比例就改變為較保守的 40：60。執行再平衡時，可以將部分債券賣出，買進股票，恢復到原來 50：50 的平衡設定。換句話說，**再平衡機制長期執行下來會有高點賣出，低點買進的收益增加效果**。當投資波動越大，再平衡的效益會越明顯。一般可以規劃一年執行一次，也可以依個人投資風格設定理想的定期平衡時間。

做投資組合規劃要留意不將所有風險放在同一個籃子裡。即便是不同股票或 ETF 也有可能屬於同一個籃子，關鍵在彼此是「正相關」還是「負相關」的性質組合。假設持有兩間不同石油公司的股票，但因為同樣都屬於能源產業，當油價下跌時，兩間公司的股價都會下跌，而當油價上漲時，兩間公司的股價也會上漲，這就是正相關性質。負相關組合表示當一個資產下跌時，另一個資產的上漲可能性高，通常跨領域可以找到關聯性不高的投資搭配選項，避免風險過度集中。如果想看自己的投資組合在過去的搭配結果，作為風險評估的參考之一，可以使用 Portfolio Visualizer 網站提供回測（backtest）工具（詳見章節 4-4）。

投資還有一個重要的生活資源分配——時間。每個人選擇為投資付出的時間和追蹤頻率不同，有人喜歡隨時盯盤，有人覺得幾天追蹤一次即可，也有人習慣放著不管，久久看一次就好。我屬於不盯盤的投資族，習慣採長效單的方式交易和停損。平時一兩天會花幾分鐘關心一下自己的組合和重點財經資訊，確認市場有沒有大事。當市場有超乎預期的變化、重要的經濟數據即將發布或是有新的投資靈感時，我就會視作專案處理，撥出一段時間研究思考再決定是否動作。

　　投資組合持有多少的種類數量比較合適，取決於我們有多少時間可以追蹤和管理它們。一般建議將股票或 ETF 種類維持在十種以內較能有效追蹤及管理。如果有很多的時間和熱情，當然可以持有更多種股票或 ETF，只是持有的種類越多不代表績效越好，精準選擇會賺錢的投資項目才是關鍵。

第 3 章

市場脈動：
讓投資指標助你一臂之力

　　漁夫捕魚的技術再好，出海也要看大自然的臉色。如果季節、氣候或設備等條件不合，不但可能一無所獲，還會損失一趟昂貴的成本。市場的投資指標有如大環境的氣候，讓我們看見股市接下來可能的變化，協助我們做正確的投資決策，提高獲利的機率。

3-1
美股 ETF 的
基礎評估指標

　　隨著近年 ETF 的快速發展，目前市場已有成千上萬種的 ETF 投資選擇，因此相關風險也在增加中。若市場後續的投資熱度無法維持，要面臨下市危機的 ETF 數量也會攀升。投資 ETF 時要了解一些基礎資訊才能掌握風險。ETF 的基礎參考指標包含資產管理規模（Asset Under Management, AUM）、發行日期（Inception Date）、交易量（Volume）、追蹤誤差（Tracking Error）和發行商（Issuer）品牌。

　　首先，資產管理規模代表著資產總市值，規模越大價格就越不容易被少數人操控，也比較不容易一遇危機就有面臨下市的風險。有的海外機構建議規模不要低於一千萬美元，有的則建議不要低於一億美元。除了規模不宜太小外，還要經得起市場的時間考驗，透過發行日期可以了解它成立多久，表示存活了多少年，確認市場需求。再來，從交易量可以看到 ETF 的發展趨勢，一般交易量大表示市場熱絡，

有利上漲。相反的，交易量低迷通常表示市場冷淡，價格較容易下跌。資產規模越大的 ETF，平均交易量也相對大，流動性高能讓投資者買賣容易，也能降低溢價或折價的情況發生。

追蹤特定指數的股票型 ETF 是市場投資大宗，但 ETF 要完全複製指數的報酬率是有挑戰的，因為操作策略、追蹤工具、時間落差及相關費用等因素，使得 ETF 的報酬與追蹤的指數報酬會不太一樣，產生所謂的「追蹤誤差」，這種誤差風險最後是投資人要承擔的。因此追蹤誤差越小越好，若 ETF 的報酬率明顯低於追蹤標的，就表示 ETF 的誤差較大，品質不佳。

一般來說追蹤誤差都不會太大，若有疑慮時可以簡單比較 ETF 的追蹤標的和 ETF 本身的漲跌幅是否貼近。若放在技術圖比較，可以將追蹤的指數和 ETF 比較，兩條線越貼近代表誤差越小。

另外可以考量的還有 ETF 發行商品牌，雖然它不是主要的評估指標，但如果遇到規模偏小和成立時間較短的 ETF 時，參考發行商的品牌信譽也是方法之一。通常像槓桿型或反向型 ETF 屬於短期投資，容易遇到規模偏小的問題，若投資者認為趨勢明確想進行投資時，可以限制投資金額來管理風險，也可以盡量選擇較知名的 ETF 發行商。

我們可以從 ETF 的名稱開頭辨識 ETF 的品牌，例如 Vanguard S&P 500 ETF 的「Vanguard」就是 ETF 的品牌名稱，除了少數以外，大多都很容易識別。表 3-1-1 為知名的 ETF 品牌參考，若想看更完整的排名清單可以上 ETF 相關網站查閱。

表 3-1-1 ETF 發行商總資產管理規模排名

排名	ETF 發行商	ETF 品牌	總資產管理規模 （百萬美元）
1	BlackRock Financial Management	iShares	2,423,103
2	Vanguard	Vanguard	2,195,911
3	State Street	SPDR	1,106,335
4	Invesco	Invesco	421,964
5	Charles Schwab	Schwab	298,374
6	JPMorgan Chase	JPMorgan	125,395
7	First Trust	First Trust	123,974
8	Dimensional	Dimensional	105,259
9	WisdomTree	WisdomTree	70,283
10	ProShares	ProShares	63,740
11	VanEck	VanEck	62,412
12	Mirae Asset Global Investments	Global X	40,622
13	Fidelity	Fidelity	38,991
14	Rafferty Asset Management	Direxion	31,637
15	Pacer Advisors	Pacer	30,586

參考資料：etf.com 2023.11 ／作者整理

　　除了基礎指標，ETF 的價格和費用也是投資的評估重點。即使是好東西，大家也不希望自己買貴了。想簡單快速了解目前的 ETF 價格是處於偏高或是偏低的位置，可以參考「樂活五線譜」這個網站提供的免費工具，瀏覽價格的趨勢範圍，也能從中觀察到它是否具有週期性。進入樂活五線譜頁面後輸入 ETF 或個股的代號，選取計算時間範圍，然後按下繪圖就會產生五線圖表。從圖 3-1-1 的範例顯示，中間的第三條線為設定時間範圍內的價格平均值，由此可以辨識偏高或偏低的價格帶，作為買賣價格的決策參考之一，也可以利用後續章節 3-4 的技術指標來做更詳細的判斷。

 3-1-1　樂活五線譜

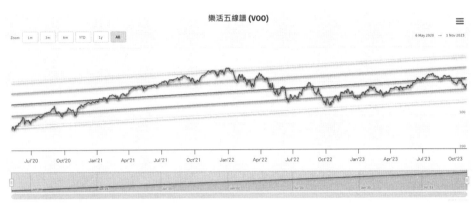

圖片來源：樂活五線譜 invest.wessiorfinance.com

　　ETF 價格有一種可能的問題是溢價（premium）和折價（discount），通常容易發生在規模較小及流動性較低的 ETF，產生明顯的「淨值」與「市價」差距，或是當市場在情緒化發展下也會有此現象發生。所謂 ETF 淨值（Net Asset Value, NAV）是指 ETF 所持有標的之淨資產價值，而市價是指 ETF 在市場上交易的價格。當 ETF 的市價大於淨值時，就會形成溢價，這時可以考慮避免在過熱偏貴的時候進場。

　　相反地，當 ETF 淨價大於市價時，就會形成折價，可以考慮在價格被低估的時候進場。如何比較 ETF 的淨值與市價？一般美股資訊網站例如 Morningstar 或 Yahoo Finance，只要輸入 ETF 代號後，進入頁面就會有淨值 NAV 的欄位顯示，只要將欄位的數字和目前交易的市價比較後就能辨識溢價和折價的情況。

圖 3-1-2　市價與淨值比較範例

圖片來源：Morningstar

　　雖然具有潛力的 ETF 買進價格越低，獲利的空間就越大，但除了價格以外，ETF 有一項會不知不覺內扣在 ETF 價格中的費用需要留意。所有的 ETF 都有費用率（Expense Ratio），當中會包含經理人的薪資成本、銀行資金保管費、投資組合的操作買賣等費用支出，所以在查詢 ETF 相關資訊時就要看清楚它的費用率。別小看 1% 費用的累積複利效果，若長期投資下來會吃掉很多原本可以賺取的複利金額，話雖如此，只要股價的成長率能持續遠高於費用率就相對值得。

3-2

出門看天氣，進場看時機：
經濟指標

　　經濟情勢與我們的資產息息相關，因為經濟發展會牽動到我們財產的價格，像是房地產、股票和貨幣匯率等，也影響市場的物價和薪資水平。因此，透過經濟指標了解經濟趨勢和相關影響，能夠協助我們評估哪些投資具有增值的潛力，而哪些投資可能有貶值的風險。所有的經濟活動都環環相扣，但反應的速度會有些落差。例如中央銀行為了促進經濟發展經常採取降低利率策略，並為市場提供更多的資金，使企業較有意願貸款擴張規模，包含增建廠房，聘請更多人才和投注研發等，進行更多的發展投資。這會增加就業率，然後推升消費者信心，也促進房地產交易等，經濟效應層層擴散。

　　經濟蓬勃發展是好事，但如果經濟熱過頭而導致物價飛漲，產生高通膨的問題，這時中央銀行為了穩定物價就會祭出經濟降溫的政策，改成反方向操作，減少資金提供及提升利率，對整個經濟活動又是另一波的影響。四季有春、夏、秋、冬，而經濟景氣循環也有活躍

期、停滯期、衰退期和復甦期四個階段。歷史雖然不會重演,但都很相似,如果我們能夠了解不同的經濟現象背後的意義及關聯性,就能看見投資的機會,對資產做更好的規劃布署。股市屬於經濟領先指標,通常反應會提早約三個月到六個月,也就是一到兩季左右。

在熟悉重要的經濟指標之前,我們需要先認識對美股具有影響力的美國聯邦儲備系統(Federal Reserve System, Fed),它是美國中央銀行的掌舵機構,簡稱為聯準會或是美聯儲,負責主導貨幣政策來維持金融體系的穩定,使美國經濟能有效運作,其主要的結構分成三個部分:

1. **聯邦儲備理事會**(Federal Reserve Board)主要有七位理事成員,由美國總統提名再經由參議院同意後任命,負責聯邦儲備系統的整體運作,涵蓋監督聯邦儲備銀行和參與聯邦公開市場委員會。
2. **聯邦儲備銀行**(Federal Reserve Banks)是聯準會執行貨幣政策的運作分支,主要有 12 家銀行分布在不同的管轄區及 24 間相關分行。除了協助落實政策,每家儲備銀行也負責收集該區域的數據,提供聯準會做決策參考。
3. **聯邦公開市場委員會**(Federal Open Market Committee, FOMC)是聯準會制定貨幣政策的機構,由 12 名有表決權的成員所組成——七位理事成員、紐約聯邦儲備銀行行長和另外 11 位儲備銀行行長中的四位。

各國的中央銀行經常透過調整利率來達到某種經濟目的,每年聯

邦公開市場委員會預定召開八次的利率決策會議[＊]，利率的變化通常對股票、債券、外匯和消費市場的影響相當直接，若出爐的決策與市場「預期」不符，就會立即反映在股市和其他投資市場，產生一連串的經濟連鎖反應。

表 3-2-1　2024 年度 FOMC 會議時間

1 月 30 － 31 日
3 月 19 － 20 日
4 月 30 － 5 月 1 日
6 月 11 － 12 日
7 月 30 － 31 日
9 月 17 － 18 日
11 月 6 － 7 日
12 月 17 － 18 日

資料來源：聯準會官網

當利率上升會使借錢的成本提高，這時消費者和企業就會削減支出，投資者則預期企業的業績和獲利會降低，股市容易下跌，也有可能會引發經濟衰退。相反的，利率下降會讓借錢成本變便宜，使消費者比較願意花錢，企業也比較願意招聘更多員工及採購設備，通常整體股市也會上升，但也有可能會引發通貨膨脹，延伸出購買力下降和貨幣貶值等問題。這時聯準會就會參考接下來將介紹的重要經濟指標，來決定下一步的貨幣政策方向。投資人也經常會依據經濟指標來推測聯準會可能的行動，搶占投資先機。

＊聯準會官網 FOMC 會議時間：
www.federalreserve.gov/monetarypolicy/fomccalendars.htm

經濟景氣的三種指標類型

　　領先指標（Leading Indicators）是提前反映景氣趨勢的指標，常用來預測經濟變化，對投資人、政策制定者及企業來說是重要的決策參考。**同時指標**（Coincident Indicators）主要反映當前的經濟景氣狀況，而**落後指標**（Lagging Indicators）反映較晚，主要是確認過去的經濟表現和影響，評估策略的調整。

圖 3-2-1　景氣指標

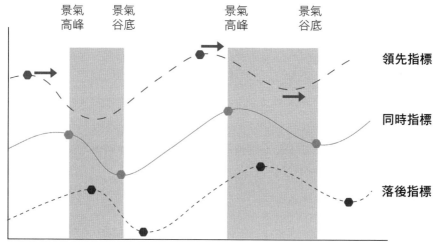

資料來源：國家發展委員會

　　根據美國經濟諮商局（The Conference Board）所公布的領先經濟指數（Leading Economic Index, LEI），涵蓋了十項經濟指標：

1. 製造業員工平均每週工時
2. 初次申請失業救濟金人數

3. 製造業新訂單——消費性用品及相關原物料

4. 美國供應管理協會（ISM）新訂單

5. 製造業新訂單——非國防資本財，不含飛機訂單

6. 營建許可——新增私人房屋單位

7. S&P 500 指數

8. 領先信用指數

9. 美國十年期公債與聯邦基金利率之利差

10. 消費者對未來商業景氣的平均預期

　　另外，也可以參考國際知名的經濟合作暨發展組織（OECD）每個月所發布的綜合領先指標（Composite Leading Indicators, CLI），提供景氣的轉折訊號。它合計了超過 30 個會員及非會員國家的短期經濟指標數據，而先前提到的 LEI 則是以美國地區的數據為主。

　　如果經濟已經熱絡一段時間，利率、通膨和商品價格也持續不斷升高，這時要留意股市的風險也在增加，有可能即將觸頂開始下跌，可以開始評估是否要減碼或是暫時不要進場。當經濟低迷一段時間，股價也下跌到一定程度時，這時政府為了提振經濟，可能會降低利率並增加貨幣供給，使股市交易量開始上升，這表示股市可能即將復甦，可以開始評估是否要進場布局。 美國重要的經濟指標大致可分為五個方向：

a. 總體經濟指標

b. 消費活動指標

c. 企業活動指標

d. 就業人口指標

e. 建築活動指標

想要查詢相關的發布時間和重點數據可以追蹤在章節 1-4 分享的資訊網站例如「TradingView Economic Calendar」或是「DailyFX Economic Calendar」。

a. 總體經濟指標

國內生產總值（Gross Domestic Product, GDP）是指國家在某一段時間內所生產最終商品和服務的市場價值，作為衡量國家經濟狀態及成長重要的參考指標。美國經濟分析局（U.S. Bureau of Economic Analysis, BEA）會發布每季和每年的數據統計，數字越高代表經濟越好，顯示人民和企業比較願意增加支出。2022 年 GDP 前五名的國家分別為美國、中國、日本、德國和英國。

b. 消費活動指標

消費者物價指數（Consumer Price Index, CPI）是衡量消費者在特定期間內為一籃子產品和服務支出的價格變化，是觀察通貨膨脹和通貨緊縮的重要指標，當 CPI 上升表示通膨升溫，消費者得花更多錢來購買同樣的商品和服務，購買力會因物價上漲而下降。相反的，通貨緊縮則表示市場消費意願或是能力下降，導致物價下跌。消費者支出是美國經濟的主力，由此可以反映景氣的狀況和趨勢。

　　生產者物價指數（Producer Price Index, PPI），是另一個重要的通膨參考指標，衡量生產者的平均成本變化，也可以說是消費者物價指數的領先指標，因為成本越高，後續消費者物價就會有上漲的壓力。在投資觀察方面，許多人也會參考另一個叫核心 PPI（Core PPI）的指數，這是排除季節性波動較大的能源和食品項目之後的 PPI 指數，用來觀察物價的中長期走勢。

　　美國勞工統計局（Bureau of Labor Statistics, BLS）每個月都會公布 CPI 和 PPI 數據，通常會和去年同期比較，所謂的年增率（YoY）就是和去年的同一個月份比較是增加或減少，月增率（MoM）就是和前一個月比較。

　　年增率的好處是能以相同的月份天數和淡旺季來統一比較。大多數的國家中央銀行會將通膨率設定在 1-3% 之間，若有過高情形，政府就會透過貨幣政策來抑制漲勢。

　　個人消費支出物價指數（Personal Consumption Expenditure Price Index, PCE Index）是由美國經濟分析局每個月發布消費者在產品和服務支出的物價追蹤。它與 CPI 有些相似也有不同之處，CPI 主要以消費者調查為主，產品和服務的權重占比較固定，而 PCE 除了消費者調查外還有企業調查，對商品和服務的權重占比的調整頻率較高。排除波動較大的能源和食品項目的核心 PCE（Core PCE），是美國聯準會相當重視的通膨參考數據之一，尤其消費者支出占美國 GDP 近 70%，對美國經濟影響重大。

　　通常消費力越高代表經濟越熱絡，股市也會跟著成長，一旦發生通膨過高情形時，政府就會祭出降通膨的相關政策，影響經濟和股市

的表現。反之亦然，當消費力疲弱時，政府也會提出寬鬆貨幣政策，提振經濟和股市。

消費者信心指數（Consumer Confidence Index, CCI）和**密西根大學消費者信心指數**（University of Michigan Consumer Sentiment Survey）是消費者對自己的財務狀況和經濟預期的綜合性指數，這當中蘊含的精髓在「消費意願」，是美國的經濟風向參考。

美國經濟諮商局每個月會發布消費者信心指數，大約有 3,000 戶家庭受訪做問卷調查，內容會詢問他們對短期前景的經濟和收入的看法，以及近期是否有購買汽車、家電和房屋的計畫等等。消費者信心指數以 1985 年 =100 為基準。

圖 3-2-2 消費者信心指數

資料來源：The Conference Board

　　密西根大學消費者信心指數的發源比美國經濟諮商局所發布的消費者信心指數再更早一些，在 1940 年代由當時大學的一位喬治·卡托納（George Katona）教授開始進行的社會調查，發現消費者的預期和許多經濟發展面向有密切的關聯性。目前指數主要針對約 500 名消費者進行電話訪問，並在每個月中發布初值報告和月底會發布終值報告，以 1966 年 =100 為基準。

圖 3-2-3　密西根大學消費者信心指數

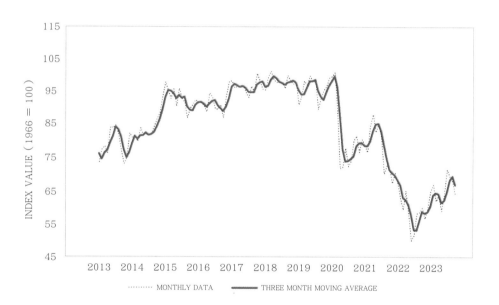

資料來源：Consumer Sentiment Index - University of Michigan

　　信心指數越高代表人民對未來經濟樂觀，比較願意花錢和投資。信心指數越低則代表對經濟前景越悲觀，傾向減少或延後耐用品的花費，會使經濟疲弱。美國經濟諮商局和密西根大學所發布的消費者信

心報告對預測通膨率、失業率、GDP 增減，以及房屋和汽車等耐用品需求等經濟指標有一定的幫助。

零售銷售額（Retail Sales）是實際消費者需求的參考指標，由於國內消費占美國的 GDP 近三分之二，因此國內的銷售狀況也是投資人衡量美國經濟情形及通膨的重要參考，由美國普查局（U.S. Census Bureau）於每月中旬發布數據。零售銷售額針對 13 類的零售商調查，報告也有提供不含汽車及加油站銷售額的數據版本，因這兩類金額占比和波動較大，容易影響整體零售數字的解讀。零售銷售額增加通常表示經濟成長，而減少時表示經濟成長趨緩或是衰退現象，是即時的市場概況參考。

c. 企業活動指標

採購經理人指數（Purchasing Managers' Index, PMI）屬於經濟領先指標，分為製造業 PMI 和服務業 PMI。製造業 PMI 以前稱為 ISM 製造業指數，是美國供應管理協會（Institute for Supply Management, ISM）每個月針對企業的採購經理進行新訂單、庫存、生產、供應商交貨時間和雇員情況等領域調查所整理出的數據報告。服務業 PMI 以前稱為 ISM 非製造業指數，對餐飲、農業、金融、醫療、教育、零售等非製造行業的新訂單、雇員狀況、庫存和價格等進行調查，計算與製造業 PMI 相似，但在某些項目和最後加權的權重占比不同。

PMI 指數為 0-100，50 是「榮枯線」的分水嶺。當指數超過 50 表示與前一個月比較處在擴張的經濟成長狀態，低於 50 表示處在緊縮的經濟疲弱狀態。若 PMI 剛好等於 50 代表採購經理的看法與上個

月相似。

　　耐用品訂單（Durable Goods Orders）是製造業的領先指標，也是經濟景氣的參考指標之一。耐用品通常是指可使用超過三年，單價較高且購買頻率較低的產品，一般消費性的耐用品包含機械設備、汽車、電器、家具等，除此之外還有國防軍艦、坦克車、飛彈和飛機等等。由於國防設備和運輸設備的金額龐大，會大幅影響數據，因此有許多分析師會將非民生消費相關的耐用品排除，評估整體製造業的供應鏈狀態和趨勢作為投資參考。美國普查局每個月會公布兩項報告，初值（預估）報告和製造商前一個月的出貨、存貨和訂單報告。

d. 就業人口指標

　　初次申請失業救濟金人數（Initial claims for unemployment insurance benefits）和連續領取失業救濟金人數都是美國勞工部（U.S. Department of Labor）會在每週四發布的失業救濟金週報（Unemployment Insurance Weekly Claims）的一部分。

　　初領失業救濟金人數比較被受重視，因為它能反映出就業市場最新趨勢的發展和變化。數字越高代表失業率上升，會導致消費意願下降，景氣疲弱；數字越低代表失業人口下降，會提升民眾的消費力和消費意願，使經濟升溫。

　　非農就業數據（Nonfarm Payrolls, NFP）主要排除農業、非營利組織、軍人、私人雇員和官員等就業人口。非農就業人口占美國就業市場高達八成左右，可以反映出製造業和服務業的就業狀態，是美國

聯準會在預測經濟和評估貨幣政策時的重要參考指標之一。當非農就業數據上升時，表示市場對商品和服務的需求上升，景氣熱絡，如果景氣過熱導致通膨就會促使聯準會升息，這時美元也容易升值。當就業數據下降代表失業率上升，景氣偏冷，聯準會為了活絡市場可能會祭出降息政策，也容易導致美元貶值。

非農就業數據包含失業率、就業率和就業人口變化，由美國勞工統計局在每個月的第一個星期五發布前一個月的數據，不僅對美股和外匯市場，連對大宗商品市場都會有影響。

e. 建築活動指標

房地產和營建開發的金額不管對消費者還是營建商，都是大金額的支出，若沒有一定的儲蓄或資金準備不會貿然下訂或是開發，因此它也成為投資人和分析師的經濟參考指標之一，從中尋找趨勢線索。

建築活動主要分為住宅、商業和工業建設，其中以住宅為大宗，占市場一半以上。住宅不僅關乎營造業和房地產業，也會牽動到金融業（房屋貸款）、原物料業（建築材料）和其他相關消費支出，例如電器設備和家具等行業。住宅與人民的就業和經濟狀況相關，商業建設與服務業的景氣有關，而工業建設也會反映出製造業的發展情況。

每月的營建許可數據是經濟訊息的先鋒，不管是新建或是改建的費用都不低，可以顯示消費者和企業的信心以及經濟儲備狀況，尤其後續開工會帶動許多行業，由此可評估未來趨勢將是成長還是萎縮。申請及獲得營建許可並不代表一定會開工，中間可能會因為經濟或其

表 3-2-2　建築活動相關指標

建築相關經濟指標	發布單位	發布頻率
營建許可 Building Permits	美國普查局 U.S. Census Bureau	每月
房屋開工 Housing Starts	美國普查局 U.S. Census Bureau	每月
營建支出 Construction Spending	美國普查局 U.S. Census Bureau	每月
新屋銷售 New Home Sales	美國普查局 U.S. Census Bureau	每月
房屋簽約待過戶銷售指數 Pending Home Sales Index , PHSI	全美房地產經紀人協會 National Association of Realtors, NAR	每月
成屋銷售 Existing Home Sales	全美房地產經紀人協會 National Association of Realtors, NAR	每月
NAHB/Wells Fargo 房屋市場指數 NAHB/Wells Fargo Housing Market Index , HMI	全美房屋營建商協會 National Association of Home Builders, NAHB	每月

參考來源：U.S. Census Bureau、NAR、NAHB ／作者整理

他因素影響延後或是放棄，因此還可以進一步觀察房屋開工數據。

　　房屋開工數據有時會因為季節和氣候干擾影響而有相當的差異，產生不規則的變化，所以數據也會做季節性調整，一次觀察多個月份數據比較能看出真正的潛在趨勢。營建支出數據通常與房屋開工數據有著密切關聯。當經濟成長時數字通常會上升，而當經濟衰退時就常會看到數字下降。

　　房屋銷售市場大多屬於落後指標，因為它會受到利率（貸款）、家庭收入和失業率等其他經濟因素影響。從考慮購屋、評估房屋到確定購買，還有貸款程序等作業程序加起來的時間較長，然後再由調查

機構花一些時間統整後，才會公布在新屋銷售、房屋簽約待過戶銷售指數和成屋銷售等相關數據。

其中，房屋簽約待過戶銷售指數是投資人常用來衡量房地產市場和經濟狀況的線索之一，因為它是未來成屋銷售的領先指標，等貸款及過戶程序完成後才會顯示在成屋銷售的數據中，尤其房地產相關的服務業者常會依據它來預測未來銷售和為客戶提供建議。

NAHB/Wells Fargo 房屋市場指數（IIMI）也是一項頗受關注的指標，它每個月會根據全美房屋營建商協會成員對近期房屋的市況和前景的看法進行市調，主要分為三個部分，目前的房屋銷售狀況、未來六個月的銷售預估和潛在買家數量。統整後的指數會經過季節性調整與加權以貼近市場狀況，範圍由 0 到 100，當指數高於 50 代表營建商普遍看好房市，低於 50 代表看淡房市。這些熟悉房產人士的看法對投資市場來說具有一定的參考價值。

3-3

影響 ETF 脈動的
重點成分股：公司財務指標

　　想了解自己投資的 ETF，就要了解籃子裡裝什麼東西，觀察裡面股票公司的營運狀況和財務體質是否強健，這些可以從公司財務報表所分析出的財務指標看出端倪，衡量 ETF 的發展及風險。雖然有些 ETF 持有的是商品或是追蹤衍生性金融商品，但市場目前多數的 ETF 還是與公司股票有連結。

　　一支 ETF 可以涵蓋十幾家到上千家公司的股票，只是要研究所有的成分股不容易，但可以從占比的前五名或前十名了解大致的情況，尤其許多 ETF 的前十名成分股加起來就超過總占比的一半以上，對 ETF 價格有很大的影響力。ETF 的主要成分股表現決定了價格的走勢。透過重要成分股公司的財務報表可以了解 ETF 的主旋律，評估它的基礎是實力派還是潛力派，掌握 ETF 的風險與脈動。

　　財務報表是研究一間公司的重要資訊參考來源之一。有點殘酷的現實是，許多大公司的財報才出爐，投資人可能都還來不及下載，股市就反應完了。投資機構的分析師都會事先預估大公司的財務表現，當數字一出來和預估有落差就容易引發股價震盪。如果財報表現不如預期時，股價就會下跌；如果表現超乎預期，股價則會上漲。有時財報數據明明不錯，但股價卻下跌，問題常出在沒有達到預估的成長目標或是展望不佳，使得股價下跌修正。

　　投資者可以從股票資訊網站看到投資分析師對公司的表現預估數據，作為投資評估的參考之一。財報出爐後的股市震盪主要是短期反應，若反應過度，後續股價還是會修正。

　　美國超級財報週是許多投資人關注的焦點，也是美股 ETF 價格容易變化的時期，關鍵在是否有大幅偏離預期的驚喜數據出現。美國上市公司的財報有季報和年報，而超級財報週通常指的是季報的發布時間，通常在每年一月、四月、七月和十月的第二週開始陸續會有財報出爐，可以透過在章節 1-4 提供的「TradingView 美股財報日曆」或「Earnings Whispers」網站追蹤公司的財報發布時間和重點結果。表 3-3-1 和表 3-3-2 為美股主要財報及籌碼面相關資訊介紹。

表 3-3-1　美股重點財報

格式	項目	說明
10-K	美國公司年報	美國上市公司的年度綜合報告，內容包含業務資訊、組織結構、財務報表、高層薪酬等，需在會計年度結束後的 60 至 90 天內提交。投資者可以透過年度報告全面了解公司的基本資訊。
20-F	非美國公司年報	非美國公司之年度綜合報告，內容與 10-K 報告接近但要求稍微寬鬆，需在會計年度結束後的四個月內提交。前提是美國籍投資者的投票權股份不得超過 50%，否則就要提供 10-K 及 8-K 報告給美國證券交易委員會。
10-Q	美國公司季報	美國上市公司的季度綜合報告，內容包含財務報表、風險披露和內部控制等營運狀況，需在每一季度結束後的 40 到 45 天內提交。投資者可以比較之前的季度報告，評估公司的發展前景。
8-K	重大事項報告	當上市公司發生重大事件或變更異動時，需在四日內提供此報告，包含企業收購、高層人士異動、破產等與股東權益相關的重要事情。投資者可以即時透過此報告了解情況，做投資決策應變。
6-K	非美國公司臨時報告	非美國公司之季報或其他重大訊息等報告。因美國政府並未規定非美國公司要提供 10-Q 和 8-K 報告，所以相關訊息會在 6-K 報告中揭露，讓投資者可以即時了解非美國公司的近況與重要改變。
S1 F1	美國公司公開說明書 非美國公司公開說明書	通常在公司首次公開募股（IPO）時提交的文件。投資者可以透過公開說明書了解公司的商業模式、收益用途、風險因素、每股價格和財務狀況等資訊。

美股完整財報下載網站：EDGAR（網址詳見表 1-4-1）

表 3-3-2 美股籌碼面相關財報

格式	項目	說明
Form 3 Form 4 Form 5	內部人士首次持股報告 內部人士持股變動報告 內部人士持股年度報告	公司董事、高層和大股東（通稱為內部人士）的買賣股份及持股會分別披露在這三種表格中。在成為內部人士的十天內就須提交 Form 3。當內部人士有持股變更，包含購買、銷售、贈與及轉讓股票都需要在交易完成的兩天內提交 Form 4。Form 5 則為年度的持股狀況及持股變更的集結，需在會計年度結束後的 45 天內提交。這些表格可以防範內線交易，而投資者可以由此觀察公司的變化發展。
13G 13D	股權變動書（無意控制公司） 股權變動書（有意控制公司）	當擁有公司總發行股票 5% 以上的股票所有權時，需在交易完成後向公眾公開，依情況會有不同的提交期限。投資者可以觀察大股東持股的意向及對公司未來可能產生的影響變化。
13F	**機構投資者持股報告**	管理資產超過 1 億美元的機構需在每一季度結束後的 45 天內提交。知名的投資機構包含巴菲特的波克夏・海瑟威、貝萊德和橋水基金等。投資者可以透過此報告了解這些機構對前景的看法和聰明錢的流向。 知名機構的持股變化可參考網站：財經M平方／ 13F 機構持倉 www.macromicro.me/13f

美股籌碼面相關參考網站：GuruFocus、Tipranks、HedgeMind、WhaleWisdom、Insider Monkey（網址詳見表 1-4-1）

　　發行商和操盤經理人都很重視 ETF 的績效，那不但關乎公司的收益也是對投資人的成績單，有時候為了多一分成績可能要多追逐一分風險，押注在尚未獲利或體質不佳但有投資熱度的潛力公司。風險評估的責任在自己，了解 ETF 重點成分股公司的財務指標也是投資的基本功。多一分了解就多一分覺察。公司的財務體質也是許多 ETF 的基底，想了解公司有沒有價值，營運能不能賺錢，本錢夠不夠發展，需要認識以下三大財務報表：

1. **資產負債表**（Balance Sheet）
2. **損益表**（Income Statement）
3. **現金流量表**（Cash Flow Statement）

1. 資產負債表

　　資產負債表可以了解一間公司的價值。雖然資產負債表跟股價的漲跌沒有太直接的關係，但對長期投資者來說它是了解公司體質的必要資訊。資產負債表主要分為三個部分，資產（Asset）、負債（Liability）和股東權益（Equity），彼此的關係是資產 = 負債 + 股東權益。

　　資產分為兩個部分，可在一年內轉換成現金的流動資產，包含公司存款、應收帳款、存貨。另一部分則是不容易在一年內轉換成現金的非流動資產，包含不動產、設備、無形資產例如專利等。透過「資產總額」可以知道公司的規模和影響力，尤其從資產比較集中的項目可以看出公司和產業的競爭實力所在。例如有許多製造業的資產集中

在廠房和設備,而零售業的資產主要在現金和存貨。

負債也分為兩個部分,需要在一年內償還的流動負債和不需要在一年內償還的非流動負債。資產負債表有一個重要的價值是了解公司的財務風險,沒人希望買進一間看好公司的股票,但一遇到危機股票就變成壁紙。透過「流動比率」、「速動比率」、「負債比率」可以知道關係到公司財務穩健度的償還能力,也可以將時間拉長,從不同期財報的比率變化中,觀察到公司財務體質的趨勢。

◆ 流動比率(Current Ratio)=流動資產 ÷ 流動負債 x 100%
流動資產大於流動負債的公司財務體質比較健康,流動比率最好超過 150%,但也不宜過高,否則要觀察是否有資金閒置、存貨或預付帳款過高或是呆帳等問題。

◆ 速動比率(Quick Ratio)=(流動資產－存貨－預付費用)÷ 流動負債 x 100%
速動比率是衡量即時償還能力的指標,它扣除了流動資產中變現性比較差的「存貨」和「預付費用」,因為在危機中存貨可能會賣不出去,較難轉為現金。速動比率最好要大於 100% 才不容易遇到短期入不敷出的情況。

◆ 負債比率(Debt Ratio)=總負債 ÷ 總資產 x 100%
公司負債比率最好控制在 50% 以下才比較不容易會因為景氣波動危及到公司生存,但不同產業的財務結構特性也不一樣,因此負債比率也會有標準上的差異。

　　觀察財務體質除了固定數字的參考標準外，也要留意產業特性和發展階段，像是銀行業的負債普遍很高是因為客戶的存款是被歸類在負債，錢最後是要還給客戶的，這時就要跟同業比較負債是否過高，了解相關情況。在高成長發展階段的公司，負債也很高，因為市場需求熱絡而需要更多的資金擴展事業，創造更多營收。這時候要看公司的產品或服務實力是否強健，還有經濟景氣是否還能維持一定的市場需求。

　　股東權益有三個部分，股本、資本公積和保留盈餘。股本是股東投入的本錢，以股票面額乘以發行股數計算。資本公積是超出股票面額的溢價部分，也就是投資人看好公司所以願意花更多錢買公司的股票。保留盈餘是公司未分配給股東，經營累積所賺的錢，未來可做投資或發放股利使用。按資產負債表的公式來說，股東權益等於資產減去負債後的數字，因此也稱作是「淨資產」，在評估企業價值的計算中經常會使用到這個數字。

2. 損益表

　　損益表可以了解公司的賺錢能力，也可以說是投資人最關注的財務報表，因為它所顯示的獲利和成長性會直接影響到股價的表現。損益表主要在講述公司有多少收入，扣掉哪些花費，最後賺了多少錢。

　　營業收入的成長可以反映產品或服務的競爭力，但產品或服務好並不等於獲利好，它只是公司競爭力的其中一環。公司治理、成本掌控、研發投資是否夠有效率，能不能為公司創造產量、品牌、技術和

圖 3-3-1 損益表

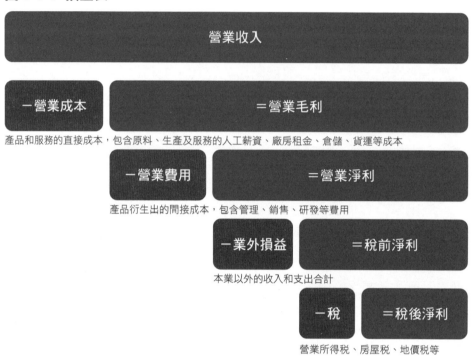

專利等市場競爭優勢，這些都會關係到最終的獲利結果。從損益表算出的三個關鍵財務指標可以重點了解公司的獲利能力。

♦ **毛利率**（Gross Margin）＝**營業毛利 ÷ 營業收入 x 100%**
　毛利率顯示公司能否有效掌控成本，具備競爭力
♦ **營業淨利率**（Operating Profit Margin）＝**營業淨利 ÷ 營業收入 x 100%**
　公司的本業經營能否有效轉成獲利，具備產業優勢
♦ **淨利率**（Net Profit Margin）＝**稅後淨利 ÷ 營業收入 x 100%**
　公司本業及非本業的整體獲利能力

　　公司的成長性可以從營業收入和相關數字的「年增率」來觀察年度的財報，比較營收和獲利是否有持續增加。透過資產負債表和損益表可以算出以下這五個對投資者和公司經營者來說相當重要的企業財務指標，前三個與公司的獲利能力有關，後兩個與評估股價是否合理相關。

◆ **股東權益報酬率**（Return on Equity, ROE）＝**稅後淨利 ÷ 股東權益 x 100%**

　　有人也稱為「淨資產收益率」，意旨公司運用自有資本（不含借來的錢）創造獲利的能力，數字越高代表公司賺錢的效率越高。作為投資參考，普遍以 ROE > 15% 為佳，最好觀察至少三到五年以上的數據來評估公司的穩定成長度。

◆ **資產報酬率**（Return on Assets, ROA）＝**稅後淨利 ÷ 總資產 x 100%**

　　公司運用總資產（包含借來的錢）創造獲利的能力，數字越高也表示賺錢效率越好，一般投資建議 ROA > 8% 為佳。ROA 比 ROE 多了運用負債賺錢的效益，適合用來評估負債占總資產比例較高的產業，像是將客戶存款視為負債的金融業，其商業模式主要是運用客戶的存款來賺錢。

◆ **每股盈餘**（Earnings Per Share, EPS）＝**稅後淨利 ÷ 發行股數**

　　每股盈餘是投資人很關心的數字，因為它代表著每股可賺多少錢，顯示公司為股東賺錢的能力，其盈餘主要來自稅後淨利，數字越高越好。觀察公司連續幾年的每股盈餘變化可以得知公

司獲利的成長性和穩定性。

♦ **本益比**（Price-to-Earnings Ratio, PE 或 PER）＝**股價 ÷ 每股盈餘**
本益比經常用來衡量一間公司的股票是貴還是便宜，本益比越低代表投資回本時間越短，股價偏低；本益比越高則表示投資回本時間越長，股價偏高。一般可考慮買進的本益比約在 10-15 之間，但不是絕對，因為不同產業的平均本益比也不一樣，最好跟同業比較才有意義，像是成長性較高的科技業公司，本益比會明顯高於成長性較低的傳統產業公司。

♦ **股價淨值比**（Price-to-Book Ratio, PB 或 PBR）＝**股價 ÷ 每股淨值**
股價淨值比和本益比都是經常用來做合理股價的評估，差別在分母，股價淨值比是用每股淨值（Book Value Per Share, BVPS），公式為每股淨值＝股東權益 ÷ 發行股數，也就是用每一股可以分配到多少淨資產來衡量每一股的價值。股價淨值比就是每股股價是每股淨值的多少倍，主要以 1 為基準，當股價淨值比大於 1 時表示價格高於淨值，偏貴。當股價淨值比低於 1 時表示價格低於淨值，比較便宜。這數字的解讀也不是絕對，最好綜合產業特性和發展來評估較合適。

3. 現金流量表

　　現金流量表可以了解公司的營運狀況，確認公司的財務是否穩健。公司要有能力將獲利轉成現金，如果現金不足，公司就容易倒閉。

現金是很實際的資產，關係著當公司遇到困難，在沒有收入和借不到錢的情況下有沒有機會度過難關，能夠維持營運一段時間而不破產。再好的公司如果現金不足，都會有關門大吉的風險，因此現金是公司重要的後盾之一。

此外，有足夠的現金，公司才有能力發股利給股東，還有機會投資在更多的研發及設備，創造更多營收。對投資人來說，獲利和現金都很重要，公司有獲利才有投資報酬，有現金才發得出股利。現金流量表主要有三個重點：

- **營業活動**（Operating Activities）**現金流量**是指公司從產出商品或服務到賣給客人這段過程的現金付出和收入，包含營業收入、應收帳款、應付帳款等。營業活動現金流量以正數為佳，代表現金收入大於現金支出，若相反則要注意風險。
- **投資活動**（Investing Activities）**現金流量**包含購買土地、廠房、設備、金融投資、企業併購等。如果呈現負數不一定是投資失利，也可能是公司正在成長擴張導致投資現金支出較多。
- **籌資活動**（Financing Activities）**現金流量**是公司籌款、還款和發放資金等現金進出。向股東拿錢的現金增資、發行公司債券以及向銀行借錢會使現金流量增加，而償還債務、回購公司股票和發放股利會使現金減少。如果公司財務狀況良好，沒有籌款或借錢還穩定發放股利時就會呈現負數，所以這部分的現金流量如果是負數不一定都是壞事。

股東們都很關心是否能收到公司的股利，三個關鍵數字分別是每

股股利（發多少錢）、股利發放率（發放的股利占公司賺錢的多少比例，可用每股股利除以每股盈餘來計算）和股息成長率（股利有沒有逐步增加）。

現金流量表還透露著一個重要的財務訊息——自由現金流量。

◆ **自由現金流量**（Free Cash Flow, FCF）＝**營業活動現金流量－資本支出**

公司有沒有能力維持目前的股利水準，甚至是提高股利發放，可以觀察自由現金流量夠不夠充裕，如果自由現金流量不足就會影響到配息的穩定性和公司面對突發狀況的應變能力。資本支出是指公司購買固定資產的費用，像是購買廠房和設備等，通常會列在投資活動現金流量中，因此有些人也會用「營業活動現金流量＋投資活動現金流量」來計算自由現金流量。營業活動現金流量和自由現金流量最好長期都要是正數，若有負數情況就要留心公司的經營狀況。

現金流量表也可以觀察到其他重點，該收的錢有沒有真的進來，現金到底花在哪些地方，還有財報交叉比對有沒有落差的問題。有些公司會有美化財報的嫌疑，可以從財報比對中看出端倪。損益表的稅後淨利代表公司帳面上賺到的錢，但它實際上真的帶進多少現金，可以用以下的獲利含金量公式來檢視公司的獲利品質。

◆ **獲利含金量＝營業現金流入 ÷ 稅後淨利 x 100%**

獲利含金量最好長期要大於 90%，能夠大於 100% 為佳，如果

偏低就要留意公司的獲利是否只是紙上富貴，是否有出貨但沒有收到錢的呆帳或是財報灌水等經營問題。

如果覺得從 EDGAR 下載的美股財務報表讀起來太硬，其他提供重點財報數字的網站還有 roic.ai 和 BAMSEC（網址詳見章節 1-4），或是知名的股票資訊入口網站 Morningstar 也有提供簡單扼要的重點財報資訊。舉例圖 3-3-2 為 Morningstar 進入寶僑公司的財報資訊頁面，若想了解更多，向下拉有「Expand Detail View」的選項箭頭，點選後會展開更完整的財報細節資訊。

圖 3-3-2　Morningstar 公司財報資訊頁面說明

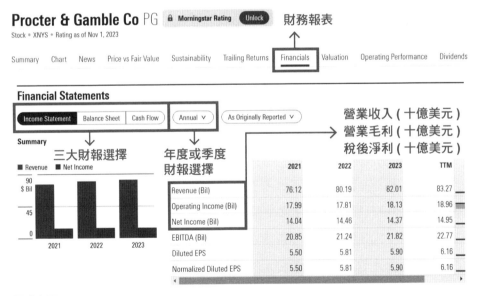

圖片來源：Morningstar

3-4

買進和賣出的訊號：
技術指標和型態

　　技術分析是股價變化的研究，將過去的股價表現模式化，透過圖表和指標來預測未來的股價走向，作為投資決策的重要輔助參考之一。「價格」和「成交量」是技術分析的基礎，它能將繁雜的數字化為清晰的方向，比起基本面需要追蹤經濟和研讀財報，技術指標能較快顯示出價格的走勢，只是不適合單獨作為投資參考，最好搭配其他資訊一起評估再做決策。

　　技術指標是有效的投資參考工具，但太過依賴也有風險，因為再厲害的技術分析也無法使股票上漲，買對 ETF 或股票才是關鍵。換句話說，重視技術面也不可忽略基本面，財務體質不好的公司，技術面再好，對投資人來說也是有很大的風險。投資結果取決於各種天時地利人和條件，包含產業變化、政策影響和市場情緒等因素，這些反應都能從技術分析中看出一些變化的脈絡，若運用得當就能如虎添翼，掌握較佳的買賣時機。

　　技術分析首先要了解什麼是 K 線。K 線是技術圖的價格符號，也有人稱作 K 棒，主要會顯示四種價格：開盤價、收盤價、最高價、最低價。如圖 3-4-1，當股價上漲，收盤價＞開盤價，稱作「陽線」；當股價下跌，收盤價＜開盤價，稱作「陰線」。如果開盤和收盤價格一樣，沒漲也沒跌就會以「十字線」來表示。美股通常會以綠色 K 線表示陽線，紅色 K 線表示陰線，台股則剛好相反，紅色代表上漲的陽線，而綠色則是下跌的陰線。

圖 3-4-1 K 線的基本介紹

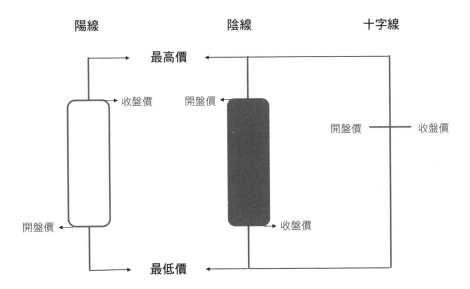

以下為六種常見的技術指標：

1. **趨勢線**（Trendline）
2. **移動平均線指標**（Moving Average, MA）
3. **平滑異同移動平均線指標**（Moving Average Convergence

Divergence, MACD）

4. **KD 指標／隨機指標**（Stochastic Oscillator）

5. **RSI 指標**（Relative Strength Index）

6. **布林通道指標**（Bollinger Band）

1. 趨勢線

　　趨勢線是觀察股價走勢簡單好用的技術分析，透過點對點連成的通道來評估股票買賣的時機點，可以看出價格的支撐及壓力。所謂的壓力線是圖形上的高點連結，價格上漲時遇到阻力的位置，若無法突破可能會引發下跌，可能適合賣出或是做空。支撐線是圖形上的低

圖 3-4-2 趨勢線

圖片來源：TradingView ／作者標示

點連結，價格止跌回穩的位置，接下來有可能會反轉上揚，常被視為是評估買進的訊號。連結一個價格區間內的高點或是低點可以判斷上漲、下跌或是橫盤整理的趨勢，再透過觀察壓力線和支撐線位置來輔佐買賣價格的決策。

2. 移動平均線指標（MA）

移動平均線是普遍許多投資人會用來觀察趨勢的技術指標，將雜訊順理，用較平滑的曲線凸顯更明確的趨勢走向。移動平均線有以下三種類型：

- **簡單移動平均線**（Simple Moving Average, SMA）是最容易理解也是多數人常使用的技術指標，常以均線（MA）來稱呼。它主要用來計算過去一段期間內的平均價格走勢，例如 20 日均線就是過去 20 個交易日的收盤價加起來除以 20 得到的平均價格，也可以根據自己的需求設定區間單位和數量 N。若以日線為單位就是 N 日均線＝ N 日收盤價的加總／ N 日。若以每小時為單位：N 小時均線＝ N 小時的股價加總／ N 小時。一般投資人常參考的短期、中期和長期均線如下：

短期均線
♦ 5 日均線（5MA），大約一週的交易日，視為週線
♦ 10 日均線（10MA），大約兩週的交易日，視為雙週線
中期均線
♦ 20 日均線（20MA），大約一個月的交易日，視為月線

♦ 50 日均線（50MA），大約一季的交易日，視為季線

<u>長期均線</u>

♦ 120 日均線（120MA），大約半年的交易日，視為半年線

♦ 240 日均線（240MA），大約一年的交易日，視為年線

- **指數移動平均線**（Exponential Moving Average, EMA）給予越近的價格越大的權重，時間越遠的價格影響指數式遞減。它會放大近期的表現，降低距離時間較長的價格影響，因此對近期的訊號反應比較靈敏。

- **加權移動平均線**（Weighted Moving Average, WMA）比較少人使用，計算方式有點類似 EMA，都會給予越近的價格越大權重，越遠的影響力越小，會依序按固定數值比例計算遞減，和 EMA 的指數型遞減不同。它對近期市場的反應靈敏度介於 SMA 和 EMA 之間。

　　這些短期、中期和長期的移動平均線經常會相互交錯，可以將交錯點視為是價格趨勢的轉折訊號。當短期線由下往上穿過中期或長期線時，就稱為黃金交叉，代表行情可能要上漲，適合買進。當短期線由上往下穿破中期或長期線時，稱為死亡交叉，代表股價可能要開始下跌，適合賣出或是做空。

圖 3-4-3 移動平均線指標（MA）

圖片來源：TradingView ／作者標示

3. 平滑異同移動平均線指標（MACD）

　　MACD 是移動平均線指標的延伸，可以用來觀察中長期的股價趨勢，主要由一條快線、一條慢線和柱狀圖所組成。快線是由短期 EMA（通常預設為 12）減去長期 EMA（通常預設為 26）計算所得出的差離值 DIF，而慢線就是以快線（即差離值 DIF）為基準再計算一次 EMA（通常預設為 9）。柱狀圖的柱線則是快線與慢線之差。

　　簡單來說，當觀察到柱線接近零軸時代表快線與慢線可能將要交會，趨勢發生變化。快線由下向上突破慢線時就是黃金交叉點，柱線也會由負轉正，視為上漲趨勢行情。當快線向下跌破慢線時就是死亡交叉點，柱線也會由正轉負，視為下跌趨勢行情。

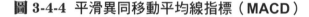

圖 3-4-4 平滑異同移動平均線指標（MACD）

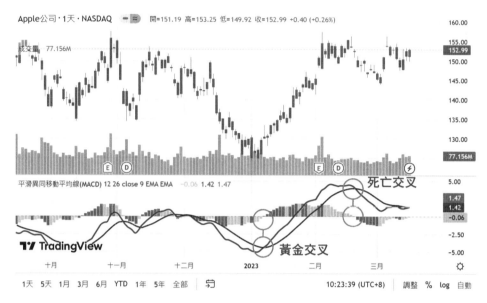

圖片來源：TradingView ／作者標示

4.KD 指標／隨機指標

　　KD指標也可稱作隨機指標，常用來預測股市的中短期行情走勢，包含價格的強弱和轉折訊息。它將一段時間內的收盤價、最高價和最低價納入計算所形成的兩條線，用 K 值（快線）和 D 值（慢線）來代表股價變化速度。KD 指數的數值介於 0–100 之間，可作為進出場時機的參考，一般來說 80 以上表示超買區域，顯示市場可能有過熱跡象，而數值 20 以下則是超賣區域，可評估市場是否過度拋售，有進場抄底的機會。

　　價格趨勢的轉折點可以觀察 KD 值的交叉，當 K 值由下往上突

破 D 值時就是黃金交叉，視為適合做多的上漲行情。當 K 值由上往下穿破 D 值時就是死亡交叉，視為適合做空的下跌行情。

圖 3-4-5　KD 指標／隨機指標

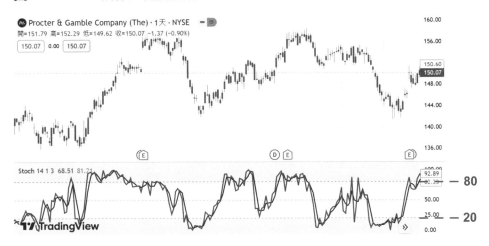

圖片來源：TradingView ／作者標示

5.RSI 指標

　　RSI 指標的中文稱為相對強弱指標，判斷買盤和賣盤的強弱，以一段時間內股價的漲跌變化來計算，數值介於 0-100 之間，以數值 50 為區隔，越高表示價格越強（上漲趨勢），而數值越低表示價格越弱（下跌趨勢）。

　　有些投資人也會將 RSI 作為「逆向指標」使用，當 RSI 數值 > 70 代表市場買超訊號，股價接下來可能會下跌，有做空的機會。RSI 數值 < 30 代表市場賣超訊號，股價可能會谷底反彈上漲，或許有抄底的機會，參考的是反轉機率，但不代表一定會發生。

圖 3-4-6 RSI 指標

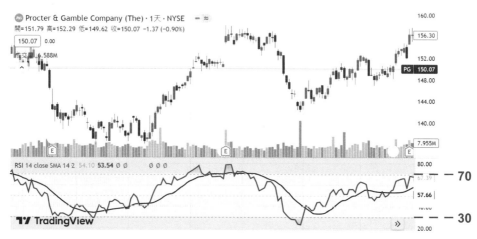

圖片來源：TradingView ／作者標示

6. 布林通道指標

布林通道常用來判斷股價可能的波動範圍，它是由簡單移動平均線（SMA）和統計學的標準差概念結合所得出的三條線，形成一條帶狀通道般的技術指標。這三條軌道分別為：

上軌：股價壓力線（通常用中軌設值加上二倍標準差）
中軌：簡單移動平均線（通常設為 20MA）
下軌：股價支撐線（通常用中軌設值減去二倍標準差）

以上述設定的上下二倍標準差，K 線就有超過 95% 的機會落在通道裡面，因此許多投資人喜歡使用布林通道作為波段操作的參考。當股價在觸及上軌時可能是超買訊號，觸及下軌時是超賣訊號，而 K 線超出通道時，代表可能有大行情的機會。

布林通道的均線和標準差設定都可以依需求調整，當然也會改變軌道的寬度和走勢幅度。有些投資人怕太晚進入大行情，會將中軸改設為 10，標準差值設為 1，這代表 K 線落在通道的機率會降到約 68%，將 K 線超出通道視為買賣時機。布林通道也適合搭配 MACD 和 RSI 等其他技術指標一起參考使用。

圖 3-4-7　布林通道指標

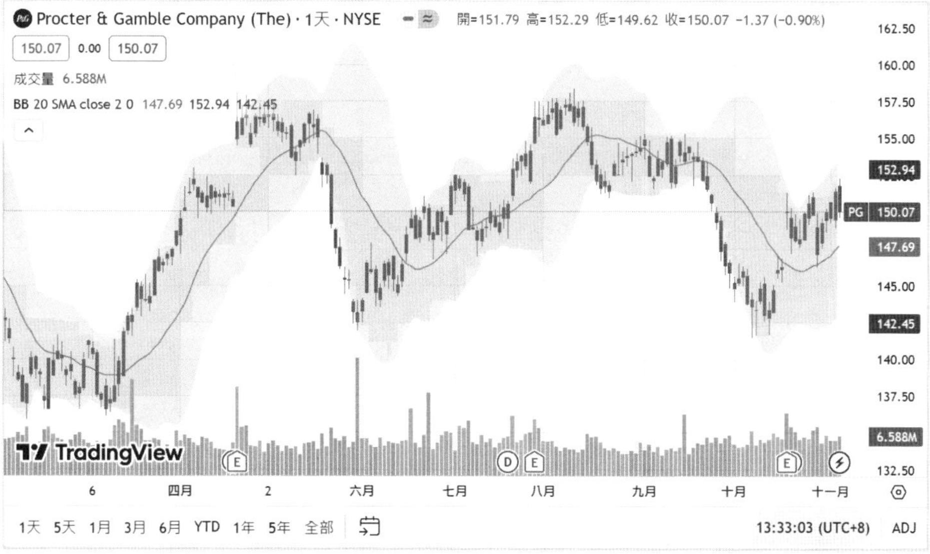

圖片來源：TradingView ／作者標示

技術指標搭配成交量，相輔相成

在技術分析指標中，除了價格重要，成交量也是不可忽略的評估參考，尤其成交量的轉折訊號會微幅領先股價指數。通常股價開始上漲前，成交量會有上升跡象，而股價下跌開始前，成交量往往也會先下降。

一般來說，在股價上漲時期，成交量上升表示股價還有繼續上漲的空間，若成交量趨緩就代表買進力道減弱，股價接近高點。如果成交量持續減少表示接下來股價可能會開始下跌。在股價下跌時期，當股價已經下跌一定的幅度後，成交量開始出現變化上升，這時可能代表股價接近底部，有買家開始抄底進場。如果成交量持續低迷，沒有買家進場支撐，那下跌的情勢可能會延續下去。在股價不上不下的橫盤整理時期，成交量上升表示股價可能將向上突破壓力線，反之成交量下降，表示股價可能將向下突破支撐線。

技術型態

投資的技術型態是將常見的價格走勢圖形，可作為辨識未來股價趨勢的參考分析工具，通常可以用眼睛直接辨識不需要計算，主要簡單分為「整理型態」和「反轉型態」。

整理型態顯示的是趨勢膠著狀態，波動較小，情勢未明也比較不適合在這種時候買賣，常見的整理型態圖形例如三角形和箱型。三角形通常表示買方和賣方勢均力敵，多空交戰，此時發展方向不明，可以等到股價震盪變小和突破點產生後再決定。箱型走勢也沒有明確的方向，高點和低點都沒什麼變化發展，需要耐心等待成交量和股價發生更大變化時才能判斷趨勢。有時箱型會維持很長一段時間，所以有些投資人會看到區間操作的機會，當價格到箱型上緣時賣出，到下緣時就買進，獲得中間的報酬。聽起來簡單，但實際上需要一定的心理素質和操作技巧。

圖 3-4-8　三角形

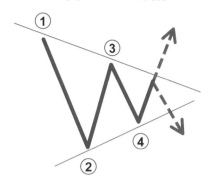

圖 3-4-9　箱型

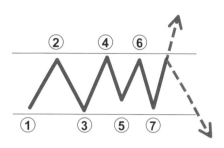

　　反轉型態表示股價走勢可能有要開始逆轉的跡象，原本的上漲趨勢可能要開始下跌，或是下跌趨勢要轉為上漲趨勢了。常見的反轉型態圖形有 M 頭和 W 底，還有用來觀察重大趨勢發展的頭肩頂、頭肩底。M 頭是看跌的賣出訊號，回檔無力加上成交量減少就很容易向下突破發展。W 底是看漲的買進訊號，當股價向上越過頸線且成交量持續增加時，就有可能向上突破發展。

圖 3-4-10　M 頭（雙重頂）

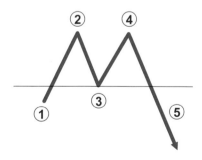

圖 3-4-11　W 底（雙重底）

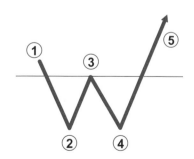

　　頭肩頂和頭肩底看起來跟 M 頭和 W 底有點類似，但意義不太一樣，主要用於判斷大多頭或是大空頭趨勢，在整理時期不適合參考。頭肩頂是看跌的賣出訊號，第一個左肩回檔後，股價突破再創新高形成頭部，但在成交量未能增量反而減少的情況下，回檔後反彈無法突破高點形成了較低的右肩，這時成交量再縮小就容易跌破低點，變成下跌趨勢。而頭肩底是看漲的買進訊號，有時在下跌趨勢尾聲時會見到。頭肩底首先在股價下跌後反彈，但還有一些解套賣壓使得買方不敢加碼，在成交量逐漸減少下創股價新低形成頭部，接下來投資人逢低買進成交量逐漸增加，回檔幅度變小，最後價格突破高點，形成上漲趨勢。

圖 3-4-12 頭肩頂　　　　**圖 3-4-13 頭肩底**

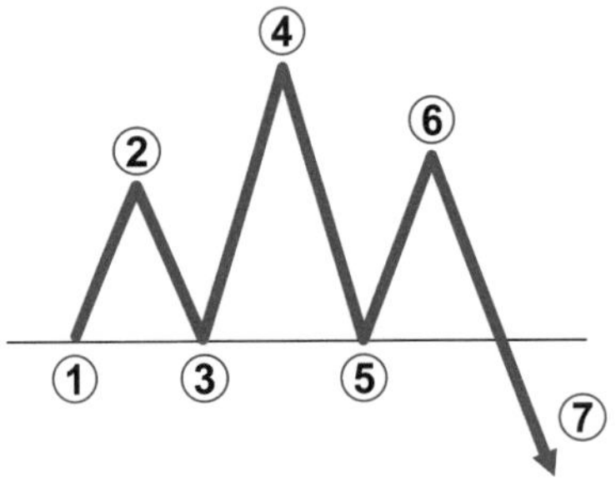

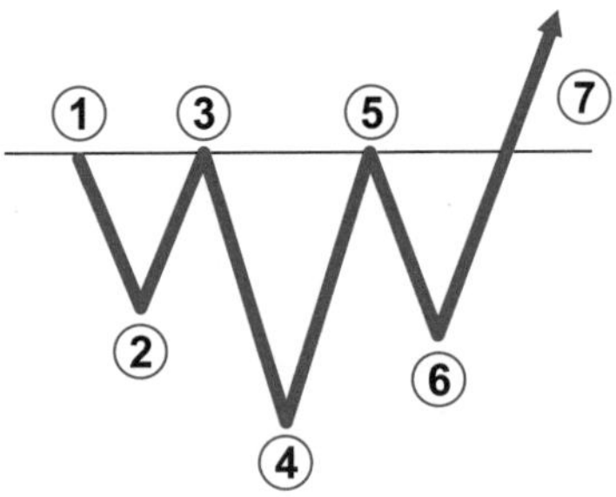

　　技術型態可將無數的市場訊息簡化為趨勢線圖，但解讀不容易，為了降低誤判的機率，最好要搭配其他指標一起參考。投資要避免過度依賴以過去數據為基準的參考工具，因為它無法顯示現在和未來股價真正的驅動因素。技術分析適合作為輔助參考，如果運用得當會是投資很好的助力，但若將它視為主要投資決策的參考可能就會面臨一些意外的風險。

第 4 章

打造適合自己的
投資策略

　　在認識自己和市場環境後，我們就要選擇合適自己的路線，也要為路上可能發生的情況做好因應策略。不管是山路或是水路，我們都要有一套投資決策的方法來降低誤判和迷失的可能。萬一遇到意外，也要學習如何透過停損和停利來減少破財，持續進步以達成目標。

4-1
設計專屬的投資決策流程

　　人是活的，市場是活的，投資策略也是活的。市面上有許多有錢人的投資方法可以參考，但不是所有人執行起來都能得心應手，績效也無法保證。條條道路通羅馬，投資不是專業人的專利，而非專業人的績效也未必會輸給專業人。我身邊有認識一些因投資而財富自由，並將工作當興趣的朋友，他們平時未必會花大把時間盯盤或研究投資，但他們有一個共同點，就是有一套屬於自己的投資哲學和方法。每個人的生活模式和性格會造就不同的投資風格和結果，即使同一種畫紙和筆在不同人手中，創作出的圖案也不盡相同。

　　投資風格各有利弊，有些在某種市況下績效很好，但在另一種市況下績效可能不理想，所以當投資風格和模式已經無法達到理想的績效時，大概就是該調整的時候了。簡單來說，找到有效且適合自己的投資方法很重要，但方法不是一成不變，而是在市場的變化中保持彈性與平衡，這也是一種投資的自我修練。

　　現實中，有人看經濟指標容易放空，有人看到技術分析就提不起勁，還有人看到財務報表就會頭腦打結，但這不代表不適合投資或是投資一定會失敗。現在不會的，不代表永遠不會；現在有效的投資方法，也不一定永遠都有效。我開始投資時，對技術面很陌生甚至有點排斥，覺得光基本面就研究不完，實在管不了那些花花綠綠的技術指標。後來在檢討投資結果中，從技術分析得到了一些啟發，才自然而然地將它納為參考工具。按自己的需求和步調學習可能會比一次狼吞虎嚥所有知識來的有效，也能降低心理抗拒的副作用。

　　從投資靈感到決策有一段過程，我們需要建立一套自己的判斷方法，才不容易讓情緒主導投資。常見的投資切入點有兩種，一種是發掘到公司品牌，另一種是看見環境趨勢，然後我們將不同的條件整合，做出對我們較有利的投資判斷。我們有時會從生活、資訊或是親朋好友聊天中發現不錯的公司，然後開始與投資連結，評估它是否值得投資。如果是不錯的績優股或是潛力股，接下來就要確認目前的經濟情勢是否適合進場，評估整個大環境對投資的發展是否有利，或是需要再等待觀察一段時間。

　　當我看到一間有興趣的品牌或公司會先上網查詢它是否有交易代號，然後透過股票資訊網站瀏覽它的交易和財報狀況，再來找出公司所屬的產業類別，了解它的表現是優於還是落後同產業。這時也可以從相關 ETF 的成分股看見一些市場的脈絡，有一項可以用公司交易代號查詢所有含有此公司的 ETF 工具叫做「ETF Stock Exposure Tool」，後續章節 5-2 還會提到。如果公司的規模較小，有可能在 ETF 成分股中的能見度比較低，但也沒關係，可以從中了解相關主題

的公司。重點是在確認公司價值的過程中也可以順便挖掘是否有更出類拔萃、更值得投資的公司。

假設你覺得三星品牌的手機不錯，想投資這間公司而開始進行評估，研究比較後可能會發現蘋果或其他公司可能會是更好的選擇。但如果同產業的公司彼此競爭差異不大，而且市場需求也在成長時，產業型 ETF 就會是不錯的選項，投資一籃子經過篩選的相關公司。最後在下手前，可以透過經濟指標和技術指標確認大環境有沒有明顯的逆風因素，選在有利的時機交易。

另一種情況是，我們從大環境的變化或經濟資訊中得到投資靈感，像是消費趨勢改變、經濟政策發布等生活觀察或是新聞報導。我們可能會看到一個投資的方向，但對相關的投資領域不熟悉，這時也可以透過 ETF 把握投資的機會。如果發覺整體景氣將要改變，這時可以考慮投資大盤指數型 ETF，例如追蹤 S&P 500 指數、道瓊指數或是以科技股為大宗的納斯達克指數 ETF。如果看到中央銀行有明確的利率調整動向或是貨幣政策，可以考慮利率敏感的債券型 ETF 或是貨幣型 ETF，像台灣最常交易的外幣是美元和日圓，不管它們升值或貶值，都有正向或反向的貨幣 ETF 可以選擇。

如果看到某個國家或地區有良好的經濟發展趨勢時，可以考慮區域型 ETF，選擇像是具有成長潛力的新興國家或是其他個別國家的ETF。如果看好有產業即將進入成長週期，就可以考慮產業型 ETF，選擇特定產業投資。若有其他主題概念或是新發展趨勢，例如人工智慧、加密貨幣等，可以直接搜尋相關的主題型 ETF，鎖定特定商機投

資。美股 ETF 除了美國公司也可以投資到世界其他地區的公司，像是瑞士的雀巢食品公司和法國的 LVMH 精品集團等國際級企業。

　　綜合瀏覽後，再來就要評估方向中的具體投資選項。如果在看好的領域中有一間公司表現遠勝過於其他公司時，可以考慮選擇個股（單一風險）投資。若對公司的發展有很明確的信心，也可以考慮單一股票型 ETF（單一槓桿風險）讓獲利加倍。如果產業公司競爭力似乎都差不多，難分高下，可以考慮投資一籃子公司的 ETF（分散風險）。總結從投資靈感到選擇方向的參考過程如下：

表 4-1-1 從投資靈感到選擇的過程參考

看見公司	看見趨勢
1. 查詢公司是否有公開交易 2. 用公司交易代號查詢它所屬的產業類別和相關產業 ETF，從 ETF 的成分股了解產業的投資情況 3. 確認公司價值及該領域是否有更好的投資選項 4. 選擇投資個股、單一股票 ETF 或是相關 ETF	1. 尋找趨勢相關的 ETF 類型 　● 貨幣、利率→貨幣型 ETF、債券型 ETF ex. 美元 ETF、公債 ETF 　● 國家／地區發展→區域型 ETF ex. 歐洲 ETF 　● 產業趨勢→產業型 ETF ex. 科技業 ETF 　● 新發展方向→主題型 ETF ex. 元宇宙 ETF 　● 經濟走勢→大盤指數型 ETF ex. S&P 500 指數 ETF 2. 評估 ETF 內容、主要成分股或是追蹤標的 3. 選擇投資 ETF 或 ETF 中的個股

　　選好自己理想的投資項目後，接下來可以透過不同的指標參考提高自己的勝算，評估目前整個環境對此投資來說是助力多還是阻力多。順勢是股價成長的主要動力之一，有句名言說：「站在風口上，連豬也會飛」，即使看好某個投資項目也盡量不要和趨勢作對。我們生活常需要分心在很多不同的事物上，如果能夠建立一套自己的投資

決策流程，有助於事半功倍。以下的決策評估看似龐大複雜，關鍵在利用指標「看重點」，確認有沒有對投資決策的不利情況，評估及掌握可能的報酬與風險，盡可能做最有利的決定。

表 4-1-2 投資決策的重點評估

經濟指標	● 目前美股的狀態，牛市還是熊市？ ● 經濟指標顯示景氣將變好還是變差？ ● 近期是否有重要的經濟政策或數據發布？ 可參考網站：DailyFx、Trading Economics
財務指標	● 成長力和競爭力是否良好？（營收年增率、毛利率、每股盈餘） ● 風險是否過高影響到穩健度？（流動比率、負債比率） ● 價格是否合理？（本益比、股價淨值比） 可參考網站：Morningstar、Yahoo Finance
技術指標	● 現在是否為合適的交易時機？（趨勢延續或即將翻轉） ● 交易量狀態是否有利於投資方向？（增加時容易上漲，減少時容易下跌） ● 評估交易價格的位置（買進、賣出或停損點） 可參考網站：TradingView、Yahoo Finance

投資報酬率多少才算合理？以美國 S&P 500 指數過去的歷史表現來計算推估，合理的報酬率應為 7% 到 10%。S&P 500 指數是由美國的 500 間經篩選過的大型上市公司所組成，對經濟市場的影響力甚巨，因此也被視為全球股市的晴雨表。市場合理的報酬率通常是以 S&P 500 指數長期的年化報酬率為基準來看，實際上有一些年度的報酬率會遠高於 10%，但別忘了中間也有大跌的時期，因此除了報酬率，本金與時間也很重要。如果時間不夠，那本金就要夠厚，滾出的雪球才能越大。如果本金不夠厚，就需要時間的累續，耐心將小雪球滾成大雪球。

4-2

為何虧損比想像更難翻身？停損的拿捏

　　最理想的投資是在買進後股價能一路步步高升，升越久越好，連股息最好也水漲船高，讓左手賺進大把的價差，右手賺進豐沛的股息，多麼快活！這種情況真的可能會發生，只是 —— 發生的機率不高。另一個大家不陌生的場景是看著股價朝著我們預期的反方向匆匆而去。沒有人投資會故意讓自己賠錢，只是當我們在下投資決策時，總有未知的因素和盲點導致結果和期望會有落差產生。

　　只要做好風險管理，即使投資發展不如預期，我們依舊能夠從容地調整，往下一條康莊大道前進。最重要的風險策略之一就是「停損」。它最重要的目的是保住青山，避免一切化為灰燼或只剩一口氣苟活，要保護賺錢的籌碼，為下一個獲利機會留一條生路。因為虧損有一個神奇之處是，虧損越大，需要填補的洞「更大」。這可不是虧損 20%，然後只要回漲 20% 就可以彌補的，而是需要 25% 的報酬率才能填平。這只是回到原點所需的填平報酬而已，還沒開始賺錢。當

虧損越多，要回到本金水位的報酬率就要更高，因此寧可停損也不要讓自己陷入更大的風險，困在需要苦苦追趕還賺不到錢的泥沼中。

表 4-2-1 投資虧損及回本所需的報酬率

虧損幅度	回本所需的報酬率
10%	11%
15%	18%
20%	25%
25%	33%
30%	43%
40%	67%
50%	100%
60%	150%
70%	233%
80%	400%
90%	900%

想要避免虧損不但要設停損點，還要設對停損點，才不會讓停損工具變成「穩賠工具」。對波動幅度較大的投資設太窄的停損很容易發生提前出局的情況，賺錢還沒輪到你，但每回波動都會把你甩出去。停損出局多了，小賠加起來也是大賠。有些人可能在繳一些學費後就很快地覺悟調整，也有些人始終都在疑惑中虧損，總之，不要笑別人，早覺醒早好。

雖然市場普遍建議的停損點是設在以每筆下跌 10% 左右，但根

據買進的股票或 ETF 的波動屬性來設置停損點會更恰當，尤其美股不像台股有漲跌限制。假設買進的是槓桿型 ETF 或是波動幅度較大的股票，停損若設在 10% 以內可能就會讓你很快出局，連反彈的獲利機會都沒有。一天漲跌幅超過 5% 的槓桿型 ETF 不在少數，此類型的停損或許可以設在 15%–20%，若覺得風險高但還是想投資，可以用投資金額來管理風險。雖然波動大，但投資金額不要大就好，這樣即便虧損出場，虧損金額也在自己能接受的範圍內。

　　相反的，如果是波動幅度較小，股價相較穩定的標的，像是公共建設和必需消費品相關的防禦型股票或 ETF 較不易受經濟變化的影響，停損點可以考慮設在約 10% 以內。

　　除了以每筆為基準設置固定的百分比停損點以外，另一種停損衡量方式是以每筆最大不超過總投資金額的多少百分比來計算，例如設定每一筆的最大虧損不能超過總投資占比 2%–5%。只要做好風險管理包含停損規劃，就不需要緊張關注，也不用擔心太快出局。

　　選好停損點後，接下來可以透過券商的交易功能來執行，善用這些功能可以讓投資事半功倍。不同券商之間提供的服務可能會有些差異，但主要功能都大同小異。舉美國嘉信證券為例，接下來為美股常見的交易功能。

委託交易類型

1. **市價**（Market）：以當前市場最佳的交易價格買入或賣出，保證交易但不保證價格。

2. **限價**（Limit）：以指定價格或更好價格買入或賣出，保證價格但

不保證交易。賣出限價單將以設定或更高的價格賣出，買入限價單將以設定或是更低價格買入。

3. **停損**（Stop）：當股價觸及到設定的價格，會以市場價格買入或是賣出。買入停損單會設在高於當前的市場價位，當股價等於或高於設定價格就會轉為市價單買入。賣出停損單會設在低於當前的市價價位，當股價等於或低於設定價格就會轉為市價單賣出。需要注意的是，停損單是一種市價單，並不保證交易的價格，因此在股價大幅波動時的成交價格有可能和預期相差甚遠，要小心風險。

4. **停損限價**（Stop Limit）：當股價到達設定的停損價格時，就會以限價單的方式交易。賣出的停損限價單必須設定一個低於當前股價的停損價格，還有一個低於或等於停損價格的限價。當股價低於停損價格時，限價的賣出訂單就會生效。買入的停損限價單必須設定一個高於當前股價的停損價格，還有一個高於或等於停損價格的限價。當股價高於停損價格時，限價的買入訂單就會生效。需要注意的是，停損限價單因有價格限制，所以不保證執行交易。

5. **移動停損**（Trailing Stop）：一種會隨著股價移動的停損單，使停損價格朝有利的方向自動調整。賣出的移動停損單需要設定一個低於當前市場「買價」（Bid Price）的停損價格，當買價上漲，停損價格將隨之上升，但如果買價下跌，停損價格則維持不變。買入的移動停損單需要設定一個高於當前市場「賣價」（Ask Price）的停損價格，當賣價下跌，停損價格將隨之降低，但如果賣價上漲，停損價格則維持不變。移動方式有兩種，可以選擇以數字或是百分比為基準調整移動。需要注意的是，當停損價觸發時會以市價單執行，無法保證交易的價格。

委託有效期間

1. **當日**（Day）：訂單當日收盤前有效，也就是美東時間從上午 9：30 到下午 16：00。若在收盤後下單，通常會在下一個交易日生效。

2. **取消前有效**（Good-till-Cancelled, GTC）：超過一天以上的長效單，除非中間取消或是過期，否則訂單在設定的日期內都有效。

3. **全數成交否則取消**（Fill or Kill, FOK）：訂單需立即全數成交，不允許部分成交，否則全部取消。

4. **立即成交否則取消**（Immediate or Cancel, IOC）：訂單需立即成交，若無法全數成交也允許部分成交，其餘無法滿足條件的單子就立即取消。

5. **盤前**（Extended-hours a.m.）：美股的盤前時段為美東時間上午 4：00 到 9：30，實際交易時間要按自己所屬的券商規定為主，以美國嘉信證券為例，目前盤前交易時間為上午 7：00 到 9：25。

6. **盤後**（Extended-hours p.m.）：美股的盤後時段為美東時間下午 16：00 到晚上 20：00，實際交易時間以券商規定為主，美國嘉信證券目前的盤後交易時間為下午 16：05 到晚上 20：00。

　　我在停損設定部分較常使用的是「停損限價」加「取消前有效」。停損限價可以防止當股市發生瞬間大跌時被賤賣，它只能在我設定的停損價和限價之間的價格賣出。假設我買進 100 元股票，採用停損限價設定停損價格 90 元和限價 80 元，這代表股票突然跌到 80 元以下時不會賣出，只會在 80 元到 90 元中間賣出。

美股一年都會發生幾次的 V 型走勢，尤其當有不利的意外事件或消息，如果市場情緒反應激烈就容易大跌，待理性恢復後又反彈回來。若選擇以市價買賣的「停損」設定，在遇到短時間的暴跌而沒有買家接手時就會以低價賣出，待不久後股價恢復，自己卻只能眼睜睜看著損失也追不回價格。當然在某些股價無法挽回的情況下，「停損」設定會比「停損限價」更好。

完全不受市場波動干擾是很困難的，與其盯盤我偏好將時間放在思考研究，透過定期追蹤及調整的方式投資。「取消前有效」也就是長效單，讓我不用熬夜、不需盯盤，以理性評估的價格買賣美股，也能減輕市場變化的即時壓力和情緒勒索。目前美國券商提供的長效單設定可長達半年，台灣複委託提供的長效單期限較短，因券商而異，所以多比較，找到符合自己需求的券商很重要。

4-3
漲多少該獲利了結？
停利的四種策略

　　投資除了留意停損，還要關注有多少錢能進你的口袋，這就是停利的思考。看著股價上漲當然開心，還希望它永遠步步高升，這時就很容易陷入放越久就賺越多的錯覺。持續成長絕對有可能，只是很少人能夠精準預測何時會到階段性的頂點，因為市場的趨勢變化難以預料，再受歡迎的派對也有結束的時刻。投資最悲慘的狀況之一莫過於原本可以獲利，但最後卻放到變成虧損。為了避免令人振奮的上漲只是「紙上富貴」，我們要懂得適時落袋為安，但同時也不需要放棄繼續獲利的機會。停利有不同的策略可以選擇。

　　停利經常以階段性的獲利了結為目的，尤其對波段操作來說也是必要的策略，畢竟許多人可能都沒有 50 年以上的時間可以等待投資，順勢交易也是一種在有限時間內錢滾錢的方式。一般停利會設在 10%–30% 的漲幅左右，但沒有一定，因為有些投資者習慣當天進出，有的預計下一季或一年以後賣出，因此對漲幅的期待也不盡相同。考

量經濟和產業週期的因素，如果投資者在成長循環的初始階段就開始投資，對停利點的預期可能就會比較高，若經濟或產業已成長了一段時間，下跌風險開始上升可能就會選擇小賺一點就離場。

依據不同的市場評估及個人風險承受度有四種停利的策略。即便同一筆投資，在不同的市況變化下策略也可以調整改變，不需要也不適合死守一種方法到底，當然也可以創造其他的策略。

停利策略 1. 全部賣出，獲利了結

如果評估價格已經到了階段性高點且成交量開始下降，預期股價趨勢將翻轉向下，可以考慮階段性全部獲利了結，可能的因素包含景氣循環到頂、淡旺季交接、新改變出現或是原本買進的因素已不存在等。如果後續趨勢開始下跌，那選擇全部停利是最好的策略，但若股價和預期的下跌剛好相反是上漲，則無法繼續獲利。這策略適合保守型投資人，保住階段獲利且後續不需追蹤及承擔風險。

停利策略 2. 賣出回本股數，留下「無成本股」繼續投資

當評估股價成長趨緩，雖然下跌的風險開始升高但還有繼續成長的可能，可以保守選擇先取回本金，用獲利繼續投資發展，採取移動停利＊的方式保護獲利。在此策略下可以避免投資虧損，最壞情況

＊移動停利：也可稱作移動停損，是一種停損加守住獲利的投資策略。假設購入的股價是 100 元，當漲到 130 元時可將停損點提高到 115 元；當股價漲到 150 元時，將停損點再提高到 130 元；當漲到 200 元時，繼續將停損點提高到 180 元，以此類推。

還是小賺。最好的情況是股價持續上漲，獲利能夠持續增加。只是在停利點取回本金後，投資本金的減少也會連帶影響後續的報酬金額減少，但所承擔的風險也會變小。

停利策略 3. 賣出一半持股，另一半持股繼續投資

若股價已成長一段時間，接下來還是看好成長而且當初買進的因素還在，但因股價上升的同時，下跌的風險也會增加，若想繼續獲利和降低風險可以選擇減碼一半持股，保住部分的本金，讓另一半在市場裡採移動停利的方式繼續投資。後續只要沒有暴跌的情況下都會有獲利的結果。

停利策略 4. 全部不賣，採移動停利方式繼續投資

若股價成長動能不減，交易量也維持或是在增加狀態中，可以採取移動停利方式繼續投資。這種方式可以使獲利最大化。唯一要小心突發性的暴跌風險，也就是在你設的停損點如果沒有人接手，可能會以更低的價格賣出，但通常發生情況不多。有時是公司爆發重大財務危機或是醜聞，或是要小心比較容易大起大落的槓桿型 ETF，包含這兩年崛起的單一股票 ETF 也屬於槓桿型 ETF，它的高風險來自對單一公司表現的槓桿操作。

還有投資關聯性集中的 ETF 也有風險，例如俄羅斯在 2022 年與烏克蘭開戰時受到國際金融制裁，導致聚焦俄羅斯指數的 ETF 陸續下市，後續發展如今還不明朗。

舉例來說，假設停利目標為 30%，股價 100 元購入 10 股，總價值為 1,000 元，將停損點設在 10%。一年後股價漲 30% 到達停利目標的股價為 130 元，乘以 10 股的總價值就是 1,300 元，以下為後續發展範例：

表 4-3-1 停利達標後的策略及發展

停利策略 1 全部賣出	停利策略 2 取回成本	停利策略 3 先賣一半	停利策略 4 全部不賣
10 股全數賣出，取回本金 1,000 元，獲利 300 元	賣出 8 股，取回本金 1,040 元，留下 2 股價值 260 元繼續投資	賣出 5 股，取回 650 元，留下 5 股價值 650 元繼續投資	全數不賣，將 10 股價值 1,300 元留下繼續投資
發展版本 1：股價再上漲 35%			
總獲利 300 元 報酬率 30.0%	總獲利 391 元 報酬率 39.1%	總獲利 527 元 報酬率 52.7%	總獲利 755 元 報酬率 75.5%
發展版本 2：股價反轉下跌 35% (假設下跌 10% 時在停損點順利賣出，成功防止虧損擴大)			
總獲利 300 元 報酬率 30.0%	總獲利 274 元 報酬率 27.4%	總獲利 235 元 報酬率 23.5%	總獲利 170 元 報酬率 17.0%

＊總獲利計算若有小數點採無條件捨去

　　在股價持續成長的情況下，策略 4 的全數繼續投資擁有最大的獲利空間，但若遇到反轉下跌，獲利也會打折，甚至折損到先前的漲幅獲利。在此情況下，策略 1 以先前停利就全數賣出的策略才能保住最多的獲利，但萬一是持續的上漲行情，也會失去獲利的空間。在勢態不明時，策略 2 和策略 3 是可同時降低風險也保留一些獲利空間的選擇，視發展情況因應調整。

4-4
檢視績效，
升級自己的投資組合

　　當我們決定投資時，通常都對結果抱有某種的期待，否則我們不會做這件事情。只是，結果能否完全如我們預期發展是另一件事。現實情況是所有投資都有風險，在我們滿心期待下往往容易失去客觀，淡化風險的存在。因此，我們需要定期檢視自己的投資績效，在一次次的交易經驗中學習進步，變得更從容自在。我們或許無法料事如神馬上成為大富翁，但可以實踐中進化我們的投資策略及組合，增加投資的報酬率。最重要的是，檢討投資組合能夠幫助我們找到適合自己的有效投資模式。

　　檢視績效有一個很重要的目標是「超越大盤」，金融界常以 S&P 500 指數的績效為基準來判斷投資者的能力。我們花時間投資，當然不希望自己白忙一場，不只要賺錢，還要有效賺錢。如果花很多心力在挑選和建立投資組合，但結果績效卻不如大盤，還不如直接投資大盤指數 ETF，省得浪費力氣。只要在上漲時比大盤多，下跌時比大盤

少，那累積的績效自然就比大盤好。說得容易，要長期做到卻不容易，還好現在有許多方法和工具可以協助我們達到目標。

在預期和實際的投資績效落差中，我們可以試著找出原因，雖然結果不如預期時會灰心，但也是吸收養分的最佳時刻。我在檢視投資的過程中有時也不太明白一些市場的波動，但也藉此慢慢學習認識不同的指標和它們為股市帶來的影響。在探究的路上，我們也會發現自己的盲點，包含誤信不實的資訊，沒有謹慎思考及查核，發現實際數據與接收的資訊之間有矛盾，或是市場早就反應完了自己原來慢半拍，誤將落後資訊當作是領先資訊。數字會說話，不同數據指標所傳達的訊息對投資判斷有一定的助益。

有一種投資組合檢視工具叫做「回測」。投資者可以輸入自己的投資組合，檢視它在過去的績效表現如何，投資前與投資後都可以參考運用。在投資前，我們或許對自己想要建立的投資組合不太有把握，可以利用回測了解我們目前心中的理想組合在過去的實際表現，尤其在市場波動時期，評估它的穩定性和是否有機會能達成我們預期的報酬目標。雖然它顯示的是過去績效，而過去不代表未來，但我們可以參考組合在不同經濟情況下會有什麼反應及表現，包含在景氣低迷，股市大幅下跌時可能會發生的情形，評估自己所能承擔的風險程度，衡量組合是否有需調整的地方。

我們有時也會遇到特別行情，投資組合可能創造出很高的報酬率，但要留心這只是短期而不是常態，最後還是要將目標拉回到合理標準才能做好風險管理。使用 Portfolio Visualizer 的回測工具*可以觀

察投資組合過去的表現，透過調整投資項目和占比，選出符合我們風
險承受度及報酬率目標的投資組合。圖 4-4-1 是條件相關資訊的輸入，
重點選擇包含開始和結束的年份、投入的金額以及自訂比較的基準。
我們可以輸入不同行情的年份區間，回測投資組合在牛市和熊市的表
現情形。基準部分則以大盤指數為比較參考，如果投資組合優於大盤
就代表不錯，若表現不如大盤就有調整的空間。

圖 4-4-1　Portfolio Visualizer 投資組合回測輸入說明 1

圖片來源：Portfolio Visualizer ／作者標示

＊Portfolio Visualizer 投資組合回測：
www.portfoliovisualizer.com/backtest-portfolio#analysisResults

119

接下來在頁面的下方可以輸入組合內容的股票或是 ETF 代號，以及它們在組合中的占比，一次可以比較三種不同的組合。若組合的項目比較多，可以點選 Asset 10 旁邊括號的「More」增加欄位。輸入的投資組合的占比加總應為 100%，若是空頭組合的占比加總應為 -100%。如果是買進和放空等比操作的市場中性（Market Neutral）投資組合，多方占比應為 100%，而空方占比應為 -100%，系統才能進行分析。

圖 4-4-2 Portfolio Visualizer 投資組合回測輸入說明 2

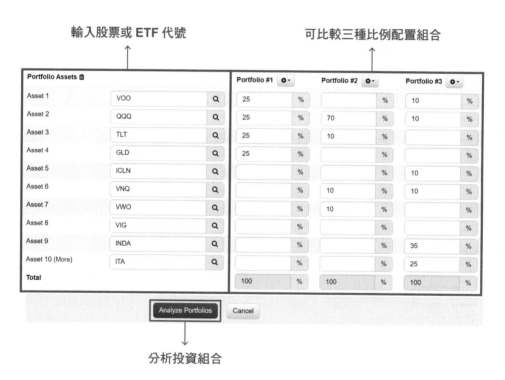

圖片來源：Portfolio Visualizer ／作者標示

　　投資組合分析會出現許多視覺化的數據整理顯示，包含計算期間內的整體走勢、累積報酬率、年化報酬率、最好及最差績效、市場相關係數（Market Correlation）、夏普比率（Sharpe Ratio）和索丁諾比率（Sortino Ratio）等。此外，網站還能為不同組合內容提供更詳細的分類歸納，包括大、中及小型的成長股和價值股（詳見章節 6-3）的成分占比等。初次若全部看完可能會感到有點迷惘，但我們的任務是看重點，像圖 4-4-3 的投資組合回測走勢圖就是裡面不錯的重點參考之一。

圖 4-4-3 Portfolio Visualizer 投資組合回測走勢圖範例

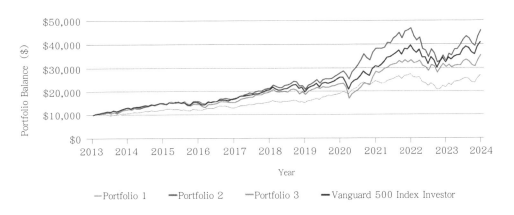

圖片來源：Portfolio Visualizer ／作者標示

　　投資前可以用回測評估自己的勝算，投資後也可以使用回測來檢討與調整組合。如果剛開始不太確定，投資的金額就不要太大，耐心地看它實際運作發展如何再決定是否要加碼、減碼或是做其他的調整。沒有一種投資組合適用於所有的投資行情，當市場趨勢要發生變化時，就可能是投資組合需要調整的時候到了。

第 5 章

靈活運用
投資選項

　　長期投資不等於長抱投資，以長期投資聞名的股神巴菲特也會按趨勢調節持股，該減碼和清倉時也不手軟。想在有限的時間內達到理想的收穫，順勢交易和風險管理是關鍵。在靈活運用各種不同的投資工具時，還是要謹慎了解和比較，才能在提高報酬的同時也降低風險。

5-1

善用「選擇」，
順勢把握賺錢的機會

　　認識不同的投資指標和工具後，還有一個重點是「投資選擇」。了解我們有哪些投資選擇才能實踐獲利，達成我們的財富目標。近年 ETF 蓬勃發展，許多人都聽過 ETF，但對它的選擇認識不多，因此錯過了一些能將資訊化為財富的機會。我們每天都會接收到很多的資訊，如果可以將它們與投資連結就能發揮順勢投資的力量。透過 ETF 的簡單投資程序，比起從前，投資者能更容易掌握投資機會，不僅一次可以投資一籃子的股票，也能參與債券、商品、外匯和房地產等投資領域。總而言之，我們可以從投資指標培養市場的敏銳度，然後善用多元的投資選擇，適時抓住賺錢契機，因此，接下來本書的後半段會有許多美股 ETF 的重點介紹。

　　順勢投資指的不只有漲勢，跌勢也有獲利的機會。舉例 2022 年通膨情況嚴重，聯準會啟動升息調節通膨，使原本熱絡的股市進入了熊市，有人覺得投資一片黯淡，但也有人看見契機，為自己帶來豐收

的一年。美國升息通常會使美元升值，如果對貨幣型 ETF 有印象，在美元一片漲勢中可能就會想到美元 ETF 的投資機會。若相反是降息的情況就會提高美元貶值的機率，這時也有反向型美元 ETF 可以選擇。

　　不巧的是在同年的三月也爆發了俄羅斯與烏克蘭戰爭，使世界的國防意識提升，許多國家紛紛將國防預算上調，投注更多資源在相關的研發製造，使軍工業受惠，因此相關的國防軍工類股 ETF 也在市場逆勢中上漲。此外還有能源市場的變化，俄羅斯作為能源的出口大國因戰爭受到國際制裁，衝擊到能源產業的供給，使得能源價格一度大幅上升。美股 ETF 讓投資人不用大海撈針就能參與到趨勢投資，即使熊市也有股市越跌，價格就越漲的反向型 ETF。以下是在 2022 年熊市中有不錯成長表現的 ETF。

表 5-1-1 熊市也有順勢亮點

主題	ETF 代號	2022 年度報酬
能源類股	XLE	+64%
航太與軍工類股	ITA	+9%
美元	UUP	+10%
反向 S&P 500	SH	+18%
反向納斯達克 100	PSQ	+36%

資料來源：Morningstar ／作者整理

　　我們的食衣住行育樂都涵蓋在 11 大產業中，包含能源、原物料、

工業、必需消費品、非必需消費品、醫療保健、金融、資訊科技、通訊服務、公用事業和房地產。當產業有變化發生,不僅有產業 ETF 可以選擇,也有主題型 ETF 可以聚焦特定領域投資。當我們看到經濟趨勢時,可以連結到整體市場 ETF。當聯準會發布決策時,除了會牽動到整體市場以外,也會牽動到利率敏感的債券型 ETF 和貨幣型 ETF。當有國家或地區的經濟正在起飛,就可以考慮區域型 ETF,參與投資那個地區的經濟發展。有很多不同的連結選擇可以幫助我們順勢獲利。乍看有點複雜,但看多了不知不覺會認識許多經濟產業的前因後果,像讀一篇故事一樣慢慢熟悉後,會比較容易抓到市場重點。

另外,美股月報酬統計數據也可以作為順勢交易的參考。華爾街有一句名言為「Sell in May and go away」,意思是在五月賣出並且離開一段時間,因為接下來幾個月的平均股市表現可能要開始進入相對低迷時期。按圖 5-1-1,從 1928 年到 2020 年 S&P 500 指數的表現數據,每年適合在上半年的高點賣出,然後在下半年尋找低點買進。這當然只是過去數字的統計參考,不代表每年都會這樣發生。

圖 5-1-1 S&P 500 指數平均月報酬統計(1928–2020 年)

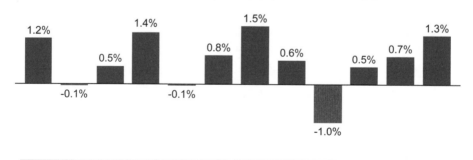

資料來源:CNBC 2020.08.03 / Source:BofA Global Research

　　有人覺得太多 ETF 會有選擇困難，最好能有一種輕鬆又穩賺不賠的投資選項，在買進後可以放著不管，等需要那筆錢時就有甜美的果實可摘。可惜，現實中沒有一種投資能永保不墜，俗話風水輪流轉，連這十幾年投資熱門的科技業在過去也有冷門時期。但也不必氣餒，這樣的投資的確有可能發生，像是美股 ETF 目前最受市場推薦的就數大盤指數 ETF，尤其是 S&P 500 指數，它在近百年來的表現呈現上漲趨勢，成為備受青睞的長期投資之一。關鍵在你是否有足夠的時間等它長大，以及能否接受它有可能會停滯很長一段時間不會成長，甚至還有下跌的風險。

　　從圖 5-1-2 的 S&P 500 指數 95 年走勢圖就能了解，一味相信長抱不放就會有好回報所要面臨的風險。從 1929 年到 1949 年有長達

圖 5-1-2 S&P 500 指數近百年走勢圖（1928–2023 年）

圖片來源：Macrotrends／作者標示

20 年的股市下跌趨勢，若在 1929 年開始長抱 S&P 500 指數，需要等大約 30 年到 1958 年才能夠恢復，而且還沒有賺錢。從 1968 年到 1982 年也是走了長達 14 年下跌趨勢，若在 1968 年進場，也要等超過 20 年才能夠回到水平。離我們較近的 2000 年網路泡沫也走了將近 10 年的下跌趨勢，若在 2000 年進場要花十幾年才能走出來。

　　人生有多少年可以投資？從現在的年紀到實現財富目標還有多少年？一個 20 歲跟 50 歲開始投資的人，假設同樣都預計 65 歲退休，20 歲的人還有 45 年，但 50 歲的人只剩 15 年，投資的目標和策略可能就不一樣。一個 50 歲的人如果在 1968 年進場長抱投資，就會遇上股市十幾年都沒有什麼表現，到退休年紀的結果還會令人非常失望。

圖 5-1-3 S&P 500 指數近百年走勢圖（1928–2023 年）

圖片來源：Macrotrends／作者標示

　　同樣一張圖，從圖 5-1-3 另一個角度來看，股市也有長達 10 年以上的上漲行情，如果能順勢在上漲趨勢時期長抱 S&P 500 指數，結果將不同凡響，例如 1949−1968 年、1982−1999 年和 2009−2021 年，S&P 500 指數的年化平均報酬率都有 10% 以上，其中有些年還有高達 20% 的漲幅。

　　很多人誤以為長期投資就是長抱投資，不需要理會趨勢，但長期投資也是需要定期追蹤市場趨勢和調整，在下跌趨勢時減碼，在上漲趨勢時加碼，必要時停損出清，就連以長期投資聞名的股神巴菲特也會按趨勢調節持股，除了會把握適當時機加碼，該減碼和清倉時也不手軟。長抱不放的報酬率要好，需要很長的時間，因為股市有時也會遇上連續很多年都不漲的情形，當然運氣不錯可能會遇到連年上漲的情況。我們通常看到的大盤報酬率都是很長期的平均值，不是每年都有上漲的表現。希望閉著眼睛長抱，就看你有多少時間和可以承擔多少風險，萬一遇到為期較長的熊市，你有多少青春可以等待股市恢復和等它回報。

　　想在預期的時間內達到理想的收穫，順勢交易和風險管理是關鍵。善用投資選擇能協助你搭上順勢的列車，通往財富目標。投資選擇是一群為你效力的臣子，各有所長，在不同局勢下，你的工作就是指派合適的臣子出馬執行任務，穩固拓展財富江山。當有投資靈感時，心動不如馬上行動，但行動不是馬上投資而是開始做功課，因為順勢不是盲目跟風，而是審慎評估後的決定。

5-2
從 ETF 挖掘世界的
績優股

　　在多元的績效追求下，我們可以同時投資 ETF 和個股，不需要全部只買個股或是只買 ETF，如果有表現超群的公司也值得我們以個股的方式投資。舉例來說，過去十年投資蘋果公司的報酬率會高於許多將蘋果公司納入成分股的 ETF。投資一籃子公司的 ETF 弱勢是，當其中有成分股表現特別優異時，會因占比有限使漲幅受限，只是當成分股出現危機時，對 ETF 價格的波及幅度也比較輕，有優勢也有劣勢。在布局 ETF 之餘，我們也可以尋找世界的潛力個股，提高整體投資組合的績效。

　　世界上除了能見度高的成功企業，還有許多我們不熟悉的領頭羊公司，有些位在產業的中游、上游或是遙遠的地區，是一般消費者不容易直接接觸到的公司。績優股普遍的搜尋方式是大海撈針，透過篩選工具來找出符合自己理想條件的股票，像 Finviz 網站裡面的「Screener」是許多人推薦的美股篩選工具，但要研究所有符合條件

的上市公司，包含檢視很多公司的財務報表和追蹤發展，需要花不少
時間。

　　另一種方式，ETF 成分股也能成為一個挑選個股的參考管道，對
大眾投資來說 ETF 的優勢是不必大海撈針，讓市場指數或是專業經
理人來網羅一籃子相關主題的成長公司，因此這些成分股像是經過條
件過濾的名單，能協助我們更快認識多元的績優股。

　　在多元的投資搭配下，也可以考慮將 ETF 的重點個股納入組合
中。特別是從產業型和區域型 ETF 可以挖掘到不同產業和地區的佼
佼者，這些公司可能在人才或資源等方面具有領先的競爭優勢。

　　以台積電為例，對許多外國人來說可能是陌生的公司，但透過產
業型和區域型 ETF 就會認識到它在科技半導體和台灣地區舉足輕重
的地位。同樣的，世上還有許多我們不認識的績優股，透過 ETF 的
成分股占比也能觀察公司在投資界的分量和看好程度。

　　成分股占比特別高的公司通常可能在主題、產業或區域中領先，
也可以透過不同的 ETF 成分股交叉比對確認，像是荷蘭的艾司摩爾
先進半導體設備供應商、韓國的三星（Samsung）電子集團、瑞士的
雀巢（Nestle）食品公司、法國的 LVMH 精品集團、巴西的淡水河谷
（Vale S.A.）礦業公司、澳洲的必和必拓（BHP Group）礦業公司和
丹麥的諾和諾德（Novo Nordisk）製藥公司等都是在產業型和區域型
ETF 中能見度很高的成分股。

表 5-2-1 從 ETF 成分股挖掘世界級公司

公司名稱 （股票代號）	公司簡介	市值 （百萬美元）	參考來源
TSMC （TSM）	全球最大晶圓代工廠之一，台積電，成立於 1987 年，總部位於台灣。	526,580	產業 ETF（科技－半導體） ／區域型 ETF（台灣）
ASML （ASML）	全球最先進半導體設備供應大廠之一，成立於 1984 年，總部位於荷蘭。	282,890	產業 ETF（科技－半導體） ／區域型 ETF（荷蘭）
Novo Nordisk （NVO）	全球最大胰島素製造商之一，成立於 1925 年，總部位於丹麥。	455,240	產業 ETF（醫療保健） ／區域型 ETF（丹麥）
Linde PLC （LIN）	全球最大工業氣體供應商之一，成立於 1879 年，總部位於英國。	198,120	產業 ETF（原物料）
Prologis Inc （PLD）	全球最大物流房地產投資信託公司之一，成立於 1997 年，總部位於美國。	120,380	產業 ETF（房地產）
Novartis （NVS）	全球最大製藥公司之一，成立於 1895 年，總部位於瑞士。	207,600	產業 ETF（醫療保健） ／區域型 ETF（瑞士）
BHP Group （BHP）	全球最大的綜合礦業公司之一，成立於 1885 年，總部位於澳洲。	171,960	產業 ETF（原物料） ／區域型 ETF（澳洲）

資料來源：Morningstar 2024.01 ／作者整理

　　世界各行各業的佼佼者很多，因篇幅有限只能列舉一些參考。國際市場競爭激烈，績優公司在產業的排名也經常上上下下，但比起龍頭寶座，投資更重視的是穩定成長，因此許多 ETF 的重點成分股通

常會以大型股為主，不免也有漏網之魚，這部分可以策略性針對更細分類的主題型 ETF 切入探索。對具成長潛力的中小型公司有興趣的投資者可以從整體市場的中型或小型公司的 ETF 中挖掘黑馬，例如「iShares 核心標普中型股指數 ETF」或是「iShares 核心標普小型股指數 ETF」，此外還可以選擇其中的價值股或成長股 ETF 繼續開發探索，在第 6 章會有相關介紹。

如果對特定主題領域有興趣的投資者，像是高股息、網路安全或生技製藥等，可以從相關主題或行業 ETF 中挖掘。我們可能無法認識所有的成分股，但光認識前五名的成分股公司就會有所獲。

從 ETF 選到理想的個股後，接下來還是要評估確認公司的條件，包含從財務指標檢視公司體質。為何經篩選過的重點成分股還需要確認？因為 ETF 也有績效壓力，尤其主動型 ETF 為了贏得投資者的青睞，專業經理人有時也會順著有利趨勢做階段性的押注，只是當他們減持或移除成分股時，你可能還抱著那支股票來不及賣掉。

散戶投資要懂得財務指標，因為公司形象好和知名度高並不代表公司體質好，可能是搭著趨勢話題的曇花一現。在追求投資成長潛力的同時也要關注實際價值，不要買進太空洞或股價太高的公司。

投資個股不像 ETF 具有分散風險的特性，除了評估公司財務是否健全，也要關注公司是否擁有護城河，也就是具備能夠免於競爭侵害的優勢。公司就像一座城堡，擁有護城河的公司能夠降低投資者的風險，避免嚴重虧損的可能。護城河有一些特徵可以辨識，像是成本、規模和品牌方面有明顯優勢，或是擁有特殊許可或專利，還有客戶難以改選其他競爭產品等，在市場有一席之地的卓越條件。

　　舉例來說，可口可樂雖然在市場上推出過一些失敗的產品導致虧損，但因本身品牌和主產品的基礎雄厚，新產品的失敗並沒有傷及公司的根本。挑選個股要留意公司的成長是否只是因為搭上趨勢，如果本身沒有特別的競爭優勢就要小心，免得在海水退潮時，錢包也跟著縮水。

　　另一種情況是，投資者對某間公司有興趣但想投資的是相關ETF，這時也有工具可以用公司股票代號搜尋到所有相關的ETF。像是 VettaFi ETF Database 和 TipRanks 網站都有提供「ETF Stock Exposure Tool」，只要輸入公司股票代碼就可以查到含有這支成分股的ETF，還會顯示占比多少和費用率等資訊，協助投資人尋找自己理想合適的 ETF。觀察有多少支 ETF 持有這間公司和占比分量，也可以了解公司在投資領域受重視的程度。

5-3

績效加倍的 「槓桿型 ETF」和 逆勢獲利的「反向型 ETF」

　　只要股市有波動，就有賺錢的機會，不但可以運用槓桿型 ETF 把市場的小漲變成口袋裡的大漲，也可以利用反向型 ETF 把市場下跌當成上漲在賺。只是它們也有缺點，投資槓桿型 ETF 也可能會把市場的小跌變成口袋裡的大跌，而投資反向型 ETF 遇到追蹤標的上漲時就會下跌。簡單來說，當看漲市場時，可以買進一般型或槓桿型 ETF；當看跌市場時，可以透過反向型或反向槓桿型 ETF 來做避險搭配或達成獲利目標。

　　槓桿型和反向型 ETF 比較適合短期投資，長期投資會有較高的風險和費用率的累積成本，規模也時常會隨著市場變化忽大忽小，除非確定它的長期走勢只往同一個方向，而且中間不會遇到大反轉導致虧損，因為填補虧損需要更高的報酬率才能打平，而且還不一定能賺錢。在 Part II 單元也會提供槓桿型（粉底標識）、反向型 ETF（灰底標識）和槓桿反向型 ETF（灰底標識）的相關選擇。

績效加倍的「槓桿型 ETF」

　　槓桿 ETF 和一般多數的 ETF 不同，它是利用債務和衍生性金融商品操作來達到「放大表現」的結果，常見的有 1.5 倍、2 倍和 3 倍槓桿 ETF，費用率也普遍比一般同主題的 ETF 來得高。舉例來說，假如 S&P 500 指數當天上漲 1%，「二倍做多 S&P 500 指數 ETF」就會上漲 2%。當市場往另一個方向發展時也會有同樣的作用，如果當天 S&P 500 指數下跌 1%，「二倍做多 S&P 500 指數 ETF」就會下跌 2%。次日的 S&P 500 指數如果上漲 3%，那「二倍做多 S&P 500 指數 ETF」就會按新一天的漲跌幅表現為基準上漲 6%。

　　特別需要留意的是，它是用每日重新平衡（daily rebalance）的方式來放大「單日」表現，而不是放大長期的報酬表現。換句話說，它也會有日復一日的複利效果，可以明顯從長期的變化中看出，尤其在「連續上漲」時期，按每日重新平衡的計算下，二倍槓桿型 ETF 經過一段時間會累積超過二倍以上的報酬；同樣的，當市場在「連續下跌」時期，二倍槓桿型 ETF 也會累積超過二倍以上的跌幅。

　　槓桿 ETF 在每日重新平衡的操作下會有波動性衰減（volatility decay），因為每次遇到下跌損失都需要更高的漲幅收益才能回到原本價值（可參考表 4-2-1）。假設買進槓桿 ETF 價格是 100 元，第一天下跌 10%，然後第二天上漲 10%，結果並不會使價格回到 100 元，而是 99 元，投資虧損了 1 元。如果隔天要回到 100 元，那第二天就需要上漲 11% 才能回到原本的價格。整體來說，ETF 的槓桿倍數和指數的漲跌幅度越大，波動性衰減的影響就會越大。

不管是較高的費用率或是波動性衰減，日積月累的槓桿 ETF 價格會比一般 ETF 偏移許多。換句話說，假設指數在 1,000 點時，槓桿型 ETF 的價格是 100 元，在經過一段時間的起伏波動後，即使指數又回到 1,000 點，但是槓桿型 ETF 價格也不太可能再回到 100 元，所以投資前要審慎評估。

逆勢獲利的「反向型 ETF」

反向型 ETF 是透過衍生性金融商品操作來達到與追蹤標的指數的反向報酬表現，簡單來說它是一種從市場下跌中獲利的工具。在熊市時，投資人不用進行手續複雜的賣空操作，可以直接利用反向型 ETF 賺錢，或是作為一種投資組合的避險方式。它最大的風險在押注錯方向，如果沒有走向預期中的下跌而是上漲，這時就會導致反向型 ETF 下跌。總而言之，當追蹤標的指數下跌，反向型 ETF 就會上漲；相反的，當追蹤標的指數上漲時，反向型 ETF 就會下跌。

反向型 ETF 和槓桿型 ETF 一樣都採「每日重新平衡」計算，也有波動性衰減的問題。換句話說，每當反向型 ETF 遇到市場上漲時，都需要等到「更多的下跌」才能回復價格。有鑑於大部分市場長期以上揚走勢居多，像是這一百年來大盤的牛市時間多過於熊市，由此推斷反向型 ETF 不適合長期持有，以短期效果最好。

除非遇到熊市，否則反向型 ETF 的普遍規模都不會太大，有時流動性也偏低，甚至還有比較高的下市風險。除了一般反向 ETF，市場也有反向槓桿型 ETF，也就是反向型 ETF 的放大表現版，當追蹤

標的指數下跌 1% 時，二倍槓桿反向型 ETF 就會上漲 2%，例如代號 SDS 的「ProShares 二倍放空 S&P 500 指數」。

單一股票 ETF

早期 ETF 是為了追蹤廣泛的指數而成立，所以大多的 ETF 以追蹤一籃子公司為主，但由於 ETF 也可以持有衍生性金融商品像是期貨合約等，所以後來衍生出了單一股票（single stock）ETF 這款新產品。它首先於 2018 年在歐洲市場誕生，到了 2022 年才在美股上市，單一股票 ETF 聽起來好像有點奇怪，其實是指針對單一股票做槓桿或反向的交易，否則不用繞一圈，直接投資個股就好。

它最大的優勢在提供投資者更簡便的「做多」和「做空」交易，不用涉入融資融券或衍生性金融商品的複雜操作。單一股票 ETF 因為是押注在一間公司的槓桿或反向 ETF，比起一般持有一籃子公司的 ETF 風險更高，具有高風險和高成本的特性，所以市場許多投資機構並不推薦散戶投資這類型 ETF。

單一股票 ETF 同樣是透過前面提過的衍生性金融商品達到槓桿和反向的報酬結果，也是採每日重新平衡，除非有長期超好且不會轉向的趨勢，不然也會在波動中衰減貶值，不適合長期持有。

考量規模的發展和流動性，發行商目前推出的單一股票 ETF 選擇都是以市場熱門的交易公司為主，費用率也相對高。我也還在觀察相關的發展，尤其目前這類 ETF 的上市時間不長，規模和流動性變化大，綜合風險難估。未來遇到市場危機時，有多少比例的單一股票型 ETF 能夠存活或是蓬勃發展還需要一些時間證明。以下是單一股

票槓桿型 ETF 和反向型 ETF 的選擇參考，這些項目也會隨著市場需求增加或減少，變化速度非常快，例如在 2022 年上市的美國運動服品牌 Nike 和輝瑞藥廠 Pfizer 的單一股票 ETF 在隔年就下市了。

表 5-3-1 單一股票型 ETF

公司 （股票代號）	ETF 代號	ETF 名稱	規模 （百萬美元）	費用率	成立 年份
Apple （AAPL）	AAPU	Direxion 每日 1.5 倍做多 AAPL 主動型 Direxion Daily AAPL Bull 1.5X Shares	33.3	1.060%	2022
Apple （AAPL）	AAPB	GraniteShares 每日 1.75 倍做多 AAPL 主動型 GraniteShares 1.75x Long AAPL Daily ETF	8.9	1.150%	2022
Tesla （TSLA）	TSL	GraniteShares 每日 1.25 倍做多 TSLA 主動型 GraniteShares 1.25x Long Tsla Daily ETF	4.2	1.150%	2022
Tesla （TSLA）	TSLL	Direxion 每日 1.5 倍做多 TSLA 主動型 Direxion Daily TSLA Bull 1.5X Shares	930.1	1.080%	2022
NVIDIA （NVDA）	NVDU	Direxion 每日 1.5 倍做多 NVDA 主動型 Direxion Daily NVDA Bull 1.5X Shares	26.9	1.070%	2023
Amazon （AMZN）	AMZU	Direxion 每日 1.5 倍做多 AMZN 主動型 Direxion Daily AMZN Bull 1.5X Shares	51.9	1.060%	2022

公司 （股票代號）	ETF 代號	ETF 名稱	規模 （百萬美元）	費用率	成立 年份
Alphabet （GOOGL）	GGLL	Direxion 每日 1.5 倍做多 GOOGL 主動型 Direxion Daily GOOGL Bull 1.5X Shares	45.6	1.060%	2022
Microsoft （MSFT）	MSFU	Direxion 每日 1.5 倍做多 MSFT 主動型 Direxion Daily MSFT Bull 1.5X Shares	59.1	1.060%	2022
Coinbase （COIN）	CONL	GraniteShares 每日 1.5 倍做多 COIN 主動型 GraniteShares 1.5x Long COIN Daily ETF	38.5	1.150%	2022

資料來源：Morningstar 2024.01 ／作者整理

表 5-3-2 單一股票反向型 ETF

公司 （股票代號）	ETF 代號	ETF 名稱	規模 （百萬美元）	費用率	成立 年份
Tesla （TSLA）	TSLQ	AXS TSLA 每日一倍放空主動型 AXS TSLA Bear Daily ETF	73.7	1.150%	2022
NVIDIA （NVDA）	NVDS	AXS NVDA 每日 1.25 倍放空主動型 AXS 1.25X NVDA Bear Daily ETF	61.1	1.150%	2022
NVIDIA （NVDA）	NVDD	Direxion 每日一倍放空 NVDA 主動型 Direxion Daily NVDA Bear 1X Shares	10.3	1.070%	2023

公司 （股票代號）	ETF 代號	ETF 名稱	規模 （百萬美元）	費用率	成立 年份
Apple （AAPL）	AAPD	Direxion 每日一倍放空 AAPL 主動型 Direxion Daily AAPL Bear 1X Shares	31.6	1.070%	2022
Tesla （TSLA）	TSLS	Direxion 每日一倍放空 TSLA 主動型 Direxion Daily TSLA Bear 1X Shares	56.9	1.070%	2022
Amazon （AMZN）	AMZD	Direxion 每日一倍放空 AMZN 主動型 Direxion Daily AMZN Bear 1X Shares	4.0	1.070%	2022
Alphabet （GOOGL）	GGLS	Direxion 每日一倍放空 GOOGL 主動型 Direxion Daily GOOGL Bear 1X Shares	2.6	1.060%	2022
Microsoft （MSFT）	MSFD	Direxion 每日一倍放空 MSFT 主動型 Direxion Daily MSFT Bear 1X Shares	7.9	1.070%	2022

資料來源：Morningstar 2024.01 ／作者整理

5-4

主題相似的 ETF 很多，該如何選擇？

　　這十幾年美股 ETF 數量成長快速，競爭趨於激烈，只要有錢潮趨勢的投資話題，相關主題的 ETF 便會如雨後春筍般冒出。發行商們為了搶占市場，拚績效也拚費用率，投資者的選擇變多了，只是看到一堆主題相似的 ETF，該如何比較和選擇？

　　在相似主題 ETF 中評估抉擇時，除了可以比較在第 3 章提過的基礎條件，包含資產管理規模、發行多久、交易量、追蹤誤差、發行商品牌和費用率以外，很重要的還有內容和績效的差異，然後用刪去法選出表現較好的投資標的。以這幾年投資話題之一的電動車為例，在表 5-4-1 中比較電動車相關的三支 ETF。這部分只是 ETF 比較方式的參考，並非投資選擇的建議。投資者也可以在比較過程中納入其他考量，例如配息的條件、波動的幅度及投資涵蓋的區域範圍等。

表 5-4-1 電動車相關 ETF

ETF 代號	ETF 名稱	規模 (百萬美元)	費用率	成立 年份
IDRV	iShares 自駕電動汽車與科技 iShares Self-Driving EV and Tech ETF	337	0.470%	2019
DRIV	Global X 自動駕駛與電動車 Global X Autonomous & Electric Vehicles ETF	691	0.680%	2018
KARS	KraneShares 電動車及未來移動 指數 KraneShares Electric Vehicles and Future Mobility Index ETF	133	0.720%	2018

資料來源：Morningstar 2023.11 ／作者整理

　　基礎條件方面，以資產管理規模越大、發行越久、交易量越大、追蹤誤差越小、發行商優良和費用率越低，越具優勢。當前比較之下，IDRV、DRIV 和 KARS 這三支 ETF 的成立年份差異不大， IDRV 在費用率方面有優勢而 DRIV 以規模取勝，KARS 在規模和費用率方面處於劣勢。基礎條件不是決策唯一的參考，而是初步排除風險較高的投資項目，再從 ETF 的內容和績效繼續評估和篩選。一般來說，ETF 的資產規模越小，交易量也越小，若沒有績效和費用率的優勢和趨勢的推波助瀾，資金通常會流向其他更有競爭力的投資選擇，ETF 面臨下市的風險也會提高。

　　投資 ETF 要從籃子裡的內容了解成長和風險來源。同樣主題但不同 ETF 的籃子裡的菜色可能一樣，也可能不一樣。如果菜色一樣，也就是追蹤標的很接近或是相同，這時只要追蹤誤差不大，彼此的績

效表現也會很相近。許多 ETF 為了符合大多數投資者所期待的穩定成長，成分股主要著重在大型公司，以市值和成長表現作為篩選的主要依據，只是大型公司來去就那幾間，所以不難發現有很多主題相似的 ETF 除了發行商不同，內容與績效都很接近，對投資人來說就像在比較同樣的產品，這時費用率就會成為選擇的關鍵。

如果一堆同主題但菜色不同的 ETF，也就是成分股有差異或追蹤的指數不同，那績效表現也會不同，換句話說報酬率就會不一樣。例如主題同樣都是電動車的 ETF，有的成分股重心放在上游的原物料供應商，有的則聚焦在中游或下游的製造商或汽車品牌公司；有的 ETF 重心會放在美國電動車相關企業，有的則涵蓋跨國的電動車相關企業。重要的是，投資者可以透過 ETF 內容了解屬性、發展以及可能的風險，做出較有利的選擇，像是如果原物料商品正處於下跌趨勢，那可能就暫時不適合買進聚焦在原物料廠商的電動車 ETF。

表 5-4-2 比較三支電動車的前五名成分股，IDRV 主要聚焦在品牌車商，整體投資占比超過六成以上，而且第一名和第三名占比的公司都來自中國，這兩間公司加起來的占比超過 10% 以上，顯示中國的經濟政策和市場對這檔 ETF 的股價有一定的影響力。表 5-4-3 比較三檔的產業分布占比，DRIV 除了注重品牌車商以外也著重相關的科技發展，前兩名都是美國重要的半導體公司，在持有的 76 間公司中，科技公司就占整體投資的三分之一，也顯示科技產業的景氣波動對 DRIV 的影響會大於另外兩支 ETF。

接下來透過表 5-4-4 的國家分布占比觀察也會發現 KARS 追蹤中國公司的占比最高，整體達三成以上，中國市場對它的影響較大，其

他兩支則以美國市場影響較大。當中國經濟不佳就容易拖累到 KARS 的表現，但若是相反情況，KARS 的發展有可能會超越另外兩支 ETF。

表 5-4-2 ETF 前五名成分股占比

IDRV （持有 52 間公司）	DRIV （持有 76 間公司）	KARS （持有 68 間公司）
1. XPeng Inc（8.93%） 2. Li Auto Inc（6.00%） 3. Rivian Automotive Inc（5.16%） 4. Tesla Inc（4.90%） 5. Renault SA（4.88%）	1. Intel Corp（3.85%） 2. NVIDIA Corp（3.85%） 3. Alphabet Inc（3.84%） 4. Apple Inc（3.53%） 5. Toyota Motor Corp（3.52%）	1. Li Auto Inc（4.84%） 2. Tesla Inc（4.70%） 3. Panasonic Holdings Corp（4.23%） 4. Samsung SDI Co Ltd（3.85%） 5. Contemporary Amperex Technology Co Ltd（2.92%）

資料來源：Morningstar 2023.11 ／作者整理

表 5-4-3 ETF 前三名產業分布占比

IDRV	DRIV	KARS
1. 非必需消費品（67%） 2. 原物料（11%） 3. 工業（12%）	1. 非必需消費品（36%） 2. 科技（30%） 3. 工業（18%）	1. 非必需消費品（42%） 2. 原物料（25%） 3. 工業（22%）

資料來源：Morningstar 2023.11 ／作者整理

表 5-4-4 ETF 前三名國家分布占比

IDRV	DRIV	KARS
1. 美國（32%） 2. 中國（21%） 3. 南韓（11%）	1. 美國（54%） 2. 日本（11%） 3. 中國（7%）	1. 中國（37%） 2. 美國（21%） 3. 南韓（10%）

資料來源：Morningstar 2023.11 ／作者整理

評估不同 ETF 的潛力和風險後，最重要目標就是績效表現，這也是 ETF 最簡單直接的比較方式，看誰在上漲時成長比別人多，下跌時虧損比別人少，表現維持在平均水平以上。此時也不要忘記比較大盤，當我們看好某個主題的 ETF 時，通常是看好它的發展，在某個階段能大放異彩並超越大盤，而不是低於成長水平以下。

一般可以透過兩種簡單方式觀察，一種是一目了然的走勢圖，像是用 TradingView 輸入代號進入個別頁面後，上方「＋」的標示可以新增比較的項目，然後選取比較的時段範圍。或是 Yahoo Finance 網站也有比較功能，進入個股或 ETF 頁面後點選「Chart」，在此頁籤的下方有「Comparison」點一下就能輸入想比較的代號。

圖 5-4-1 S&P 500 指數 ETF 和三支電動車 ETF 的近五年走勢比較圖

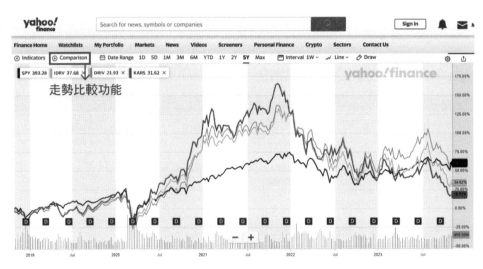

圖片來源：Yahoo Finance 2023.11

從圖 5-4-1 顯示，在 2022 年以前的牛市，這三支電動車 ETF 的表現都超越大盤，KARS 也曾一度領先 IDRV。只是在 2022 年的熊市，

整體電動車 ETF 的跌幅也超過大盤，以 KARS 因中國市場的關係下跌幅度最深，說明在趨勢反轉前可能還不適合進場投資。三支電動車 ETF 以受到科技股拉抬的 DRIV 表現較佳，在牛市有跟上漲幅，在熊市跌幅比同類少。這個範例也反映出產業特性，汽車行業在投資分類中屬於非必需消費品產業，對景氣的變化敏感，也就是在景氣好時表現可能會超越大盤，在景氣不好時容易落後大盤，波動會比較明顯。當產業落後於大盤且還在下跌趨勢時，最好不要冒然進場。

另一種績效比較方式是透過股市資訊網站，觀察比較短期和長期的報酬數據例如表 5-4-5，在上漲和下跌時期的績效是否優於其他同類 ETF。電動車 ETF 成立時間較短，因此目前還沒有很長期的數據可以參考。總體來說，透過走勢圖可以快速比較累積報酬率的差異，而數據可以比較年化報酬率的落差。

表 5-4-5 ETF 報酬率比較

報酬計算期間／ ETF	SPY	IDRV	DRIV	KARS
近 3 個月報酬率	-2.81%	-23.96%	-16.50%	-24.17%
近 1 年報酬率	19.03%	-1.52%	9.64%	-17.28%
近 5 年年化報酬率	11.17%	-	12.12%	7.57%

參考來源：Morningstar 2023.11 ／作者整理

其他的工具例如 VettaFi ETF Database 網站有提供便利的「Head-To-Head Comparison Tool」ETF 比較工具。從圖 5-4-2 的上方選項「Overview」可以逐一比較兩支 ETF 的基礎條件，右邊「Holdings」

的頁籤可以比較追蹤標的,還有「Performance」可以比較績效數據。運用這個工具可以很快審視 ETF 的差異和過濾重點資訊,只是目前一次只能比較兩支 ETF。

圖 5-4-2 ETF 比較工具

Overview | Holdings | Performance | ESG ❓ | Technicals | Database | Analyst Take | Realtime Ratings

Overview

Some important comparison metrics here are expense ratio, issuer, AUM, and shares outstanding, among others. Furthermore, ADV in the 11th and 12th row, which stands for Average Daily Volume, can help investors avoid illiquid ETFs.

	DRIV	IDRV
Name	Global X Autonomous & Electric Vehicles ETF	iShares Self-driving EV & Tech ETF
ETF Database Category	Global Equities	Large Cap Blend Equities
Index	Solactive Autonomous & Electric Vehicles Index	NYSE FactSet Global Autonomous Driving and Electric Vehicle Index
Index Description	View Index	View Index
Expense Ratio	0.68%	0.47%
Issuer	Mirae Asset Global Investments Co., Ltd.	BlackRock Financial Management
Structure	ETF	ETF
Inception Date	2018-04-13	2019-04-16
AUM	$645M	$328M
Shares Outstanding	30.7M	10.4M
ADV(1 month)	112,733.0	49,650.0
ADV(3 month)	101,982.0	40,364.0
ETF Home Page	View Page	View Page
Fact Sheet Link	Fact Sheet	Fact Sheet

圖片來源:VettaFi ETF Database 2023.08

在同類的 ETF 比較中,我們很少會看到占有絕對優勢的 ETF,但可以選出較有優勢且適合我們風險承受度的選項。上述的電動車 ETF 只是比較的範例參考,並非投資推薦。目前電動車市場還處於發展階段,未來還有變化和突破的空間,每次投資前都需要重新評估獲利空間和風險,尤其等過幾年電動車市場飽和後,投資人又會轉向其他的新趨勢。

　　這些主動型 ETF 的經營考驗著經理人的能力，他們必須持續關注及調整以求最好的績效表現。評估決定投資後，除了定期追蹤 ETF 的績效外，也要持續觀察其投資策略和基礎條件是否有明顯的改變，了解風險的變化。

表 5-4-6 ETF 比較的重點整理

ETF 基礎比較	評估 ETF 的體質是否健全 ● 資產管理規模：規模不可太小，否則清算下市的風險越高 ● 成立多久：ETF 年齡越大代表存活越久，有一定的市場需求 ● 交易量：交易量越大越好，太小容易發生溢價或折價情形 ● 追蹤誤差：盡可能貼近追蹤標的表現，誤差越小越好 ● 發行商：盡可能選擇有信譽和規模的品牌 ● 費用率：費用率越低越好，最好與績效一起搭配參考
ETF 內容比較	了解 ETF 的成長因素和潛在風險 ● 管理策略：被動型（追蹤指數）或主動型（經理人選股） ● 產業分布：同業群集（橫向產業）或跨業群集（垂直產業） ● 區域分布：單一地區或多元地區 ● 重點成分股的公司財務是否穩健
ETF 績效比較	衡量最有機會達到獲利目標的 ETF ● 比較大盤指數，表現是否在水平趨勢之上 ● 上漲行情時，成長幅度在同類平均以上 ● 下跌行情時，比同類相對抗跌，跌幅較小

PART II

條條道路通羅馬，
順勢開創自己的財富之路

多元的
美股 ETF 選擇

讓選擇為你賺錢

　　能夠創造財富的 ETF 很多，可惜沒有「永遠最賺錢」的投資選項。花無百日紅，沒有一種投資能永久不墜地持續成長，就連近期備受推薦的長期投資——美股大盤也曾有長時間的困頓時期。好消息是，不管市場如何翻雲覆雨，「賺錢的選擇」一直都存在。認識多一項選擇，人生就多一條財富管道，即使在令人灰心的熊市也有致富的機會，接下來有多元的 ETF 選擇介紹。不同有錢人的投資方式和結果也不會完全一樣，每個人都能創造適合自己的致富投資法。

　　留意 1：錢總是走在前面。同一支 ETF 隨著景氣階段不同可能會有很大的變化，尤其是槓桿型和反向型 ETF 容易暴起暴落。市場競爭激烈，ETF 規模和費用率變動相當頻繁，現在有優勢的 ETF 未來也有可能被超越。書中的 ETF 相關數據只是定點時間的資訊截取參考，投資前請重新確認，掌握最新的風險狀況。

　　留意 2：市場千變萬化，不僅 ETF 的投資策略會變動，連 ETF 的代號與名稱也有可能會改變。例如 Facebook 在 2021 年宣布改名為 Meta Platforms 後，股價代號也從 FB 改為 META，而原本使用 META 代號的 Roundhill 元宇宙 ETF 也改為 METV。因此，在進行 ETF 投資評估時，請重新確認最新資訊以防投資失誤。

　　留意 3：每天都有許多 ETF 掛牌上市和清算下市，尤其主題型 ETF 的變化速度相當快。市場有成千上萬種 ETF 產品，本書因篇幅有限只能介紹一部分的 ETF 參考，決策前可以用搜尋方式查看比較是否有其他更新、更合適的選擇。對於成立時間較短和規模較小的趨勢性主題 ETF 要謹慎評估。

第 6 章

順著經濟趨勢布局：
整體市場 ETF

投資整體市場的優勢是不必大海撈針，可以直接當整片海洋的股東。除了綜合市場，投資者可以針對大魚群、中魚群或是小魚群市場進行投資，其中還可分「成長型」與「價值型」族群。順勢依循大環境的經濟氣候布局，不管牛市或熊市都有獲利的投資選擇。

6-1

世界經濟指標：
美股三大指數

　　進入美國股市首先需要認識「美股三大指數」：S&P 500 指數、道瓊工業平均指數和納斯達克綜合指數。美國是世界最大的經濟體，因此這三大指數被視為世界經濟的參考指標。對剛踏入美股 ETF 的投資者來說，能見度最高的市場推薦就數 S&P 500 指數相關 ETF，連股神巴菲特也投資，他掌管的波克夏・海瑟威投資公司（Berkshire Hathaway）就持有代號 VOO 的 Vanguard S&P 500 ETF。這支 ETF 背後的發行商是值得一提的先鋒集團（Vanguard Group），目前為世界第二大基金管理公司，旗下推出不少知名的 ETF。

　　先鋒集團的創辦人，約翰・柏格（John Bogle），不僅是美股 ETF 的元老級推行者，還曾被美國《財星》（Fortune）雜誌譽為 20 世紀四大投資巨人之一。他的著作《約翰柏格投資常識》中的名言是「不用在乾草堆中撈針，買下整堆乾草就好！」換句話說，與其大海撈針，不如擁有整片海洋。巴菲特與柏格這兩位投資巨人之所以所見

略同，是因為長期投資的績效要打敗大盤相當困難，沒有一間公司可以永遠維持高速成長，不如直接投資整個大盤，讓市場汰弱換強，持續讓最強的公司為你賺錢。以下為美股三大指數和相關 ETF 的介紹。

1. 標準普爾 500 指數（Standard & Poor's 500 Index，簡稱 S&P 500）指數代號：SPX

標準普爾 500 指數簡稱為 S&P 500，涵蓋 500 家美國頂尖企業，占美國股市的總市值超過 80% 以上，是美股整體表現的指標參考，也是全球經濟市場公認最重要的參考指數之一。S&P 500 指數採市值加權法，按公司市值在總市值的比例顯示，也就是市值越大的公司對整體指數的影響就越大。但並非只要市值在前 500 名就可以被納入 S&P 500 指數，公司在規模、流動性、財務狀況、上市的交易所等需要符合相當多的條件。

對一般人來說，要認識市場所有的頂尖公司相當困難，因此投資 S&P 500 指數的 ETF 不僅能一次網羅世界級的優秀企業還能分散風險，不將所有雞蛋放在少數的公司及產業。指數也會持續地汰弱換強，在綜合條件下，追蹤 S&P 500 指數的 ETF 成為了最受歡迎的投資選項之一，尤其 S&P 500 指數近百年的大方向走勢是成長向上的。如果從 1990 年用 $100 投資 S&P 500 指數，到 2023 年中將會累積超過 $2,000，也就是超過 20 倍。這是用過去大約 30 年的表現來評估它的投資價值，但隨著國際關係、人口結構和環境條件等因素改變，未來世界經濟是否會依過去的軌跡發展還是未知數。我們投資的青春有限，關鍵還是要避開大衰退時期，以免投資不成反而讓資產縮水。

圖 6-1-1 S&P 500 指數產業分布

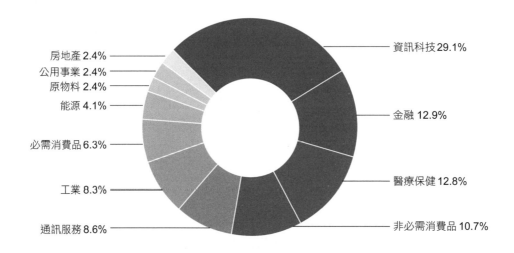

資料來源：S&P Global 2023.11，以 GICS 系統分類
(產業權重均四捨五入至最接近的千分之一，因此總權重可能不等於 100%)

表 6-1-1 S&P 500 指數 ETF

ETF 代號	ETF 名稱	規模 (百萬美元)	費用率	成立年份
SPY	SPDR S&P 500 指數 SPDR S&P 500 ETF Trust	490,800	0.095%	1993
IVV	iShares 核心 S&P 500 指數 iShares Core S&P 500 ETF	397,600	0.030%	2000
VOO	Vanguard S&P 500 指數 Vanguard 500 Index Fund	370,000	0.030%	2010
SPLG	SPDR 投資組合 S&P 500 SPDR Portfolio S&P 500 ETF	25,600	0.020%	2005

ETF 代號	ETF 名稱	規模 （百萬美元）	費用率	成立 年份
SSO	ProShares 二倍做多 S&P 500 指數 ProShares Ultra S&P 500	4,300	0.910%	2006
SPUU	Direxion 每日二倍做多 S&P 500 指數 Direxion Daily S&P 500 Bull 2X ETF	238	0.640%	2014
UPRO	ProShares 三倍做多標普 S&P 500 指數 ProShares UltraPro S&P 500	3,200	0.920%	2009
SPXL	Direxion 每日三倍做多 S&P 500 指數 Direxion Daily S&P 500 Bull 3X ETF	3,500	1.000%	2008
SH	ProShares 一倍放空 S&P 500 指數 ProShares Short S&P 500	1,300	0.880%	2006
SPDN	Direxion 每日一倍放空 S&P 500 指數 Direxion Daily S&P 500 Bear 1X ETF	192	0.560%	2016
SDS	ProShares 二倍放空 S&P 500 指數 ProShares UltraShort S&P 500	693	0.900%	2006
SPXU	ProShares 三倍放空 S&P 500 指數 ProShares UltraPro Short S&P 500	777	0.900%	2009
SPXS	Direxion 每日三倍放空 S&P 500 指數 Direxion Daily S&P 500 Bear 3X ETF	742	1.080%	2008

資料來源：Morningstar 2024.01 ／作者整理

2. 道瓊工業平均指數（Dow Jones Industrial Average Index，簡稱 Dow Jones、Dow）指數代號：DJI

　　創立於 1885 年的道瓊工業平均指數是美國最具歷史的市場指數之一，常簡稱為道瓊指數。它是由美國 30 檔最具代表性的績優股所組成，都是美國數一數二有影響力的領導企業，包含我們生活常見的麥當勞、可口可樂、蘋果、迪士尼、微軟等都是成分股，涵蓋除了交

通運輸和公用事業以外的行業。由於歷史因素，指數名稱雖然有「工業」兩個字，但隨著時代變化，它的成分股早已不侷限於工業公司，而是美國各行各業的龍頭股，在商譽、市場規模和獲利表現等各層面都相當優異。

　　道瓊指數採用的是「股價加權指數」，代表股價越高的公司對指數的影響就越大，它和 S&P 500 及納斯達克指數所採用的「市值加權指數」不同。道瓊指數的 30 家成分股也含在 S&P 500 指數的成分股中，比起 S&P 500 較具美國整體市場的代表性，它代表著美國具市場地位的「藍籌股」走勢。

圖 6-1-2 道瓊工業平均指數產業分布

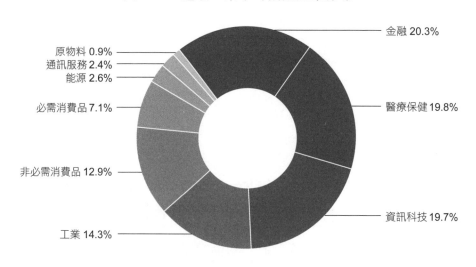

資料來源：S&P Global 2023.11，以 GICS 系統分類
(產業權重均四捨五入至最接近的千分之一，因此總權重可能不等於 100%)

表 6-1-2 道瓊工業平均指數 ETF

ETF 代號	ETF 名稱	規模 （百萬美元）	費用率	成立 年份
DIA	SPDR 道瓊工業平均指數 SPDR Dow Jones Industrial Average ETF	32,500	0.160%	1998
DDM	ProShares 二倍做多道瓊 30 指數 ProShares Ultra Dow30	394	0.950%	2006
UDOW	ProShares 三倍做多道瓊 30 指數 ProShares UltraPro Dow30	781	0.950%	2010
DOG	ProShares 一倍放空道瓊 30 指數 ProShares Short Dow30	177	0.950%	2006
DXD	ProShares 二倍放空道瓊 30 指數 ProShares UltraShort Dow30	83	0.950%	2006
SDOW	ProShares 三倍放空道瓊 30 指數 ProShares UltraPro Short Dow30	419	0.950%	2010

資料來源：Morningstar 2024.01 ／作者整理

3. 納斯達克綜合指數（NASDAQ Composite Index，簡稱 NASDAQ）指數代號：IXIC

　　納斯達克綜合指數涵蓋了所有在納斯達克掛牌的公司，超過 2,500 間以上，是具有相當規模的指數之一，與 S&P 500 指數同樣都採用市值加權法。它是全球科技股的指標，科技股占所有成分股近一半，包含耳熟能詳的微軟、蘋果和亞馬遜等公司，而非科技股類也有知名的好市多、星巴克、百事集團等企業。納斯達克證券交易所目前是僅次於紐約證券交易所（NYSE）的世界第二大證券交易所。除了美國企業，非美國本土企業也能在納斯達克上市，由於成分股數量龐大，因此衍生了「納斯達克 100 指數」（NASDAQ 100 Index），指

數代號：NDX。

　　因此，我們常聽到的「納斯達克指數」就分為上述的這兩種，「納斯達克綜合指數」和「納斯達克 100 指數」，同樣經常都被簡稱為 NASDAQ。納斯達克 100 指數是納斯達克上市所有股票的市值排行前 100 名的「非金融公司」所組成，因此科技股占比更高，更能反映科技股的走勢，也是科技類股 ETF 主要的追蹤指數。觀察納斯達克綜合指數的前十大也是科技股，占總權重比例相當高，因此目前兩個指數的表現相當接近。

圖 6-1-3 納斯達克綜合指數產業分布

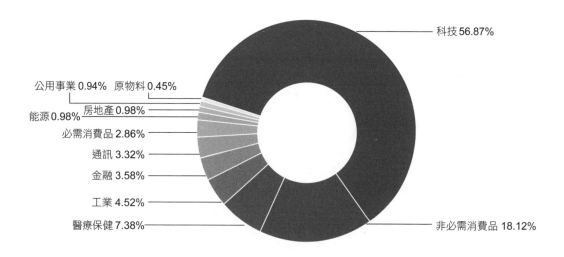

資料來源：Nasdaq Global Indexes 2023.10，以 ICB 系統分類

表 6-1-3 納斯達克 100 指數 ETF

ETF 代號	ETF 名稱	規模 (百萬美元)	費用率	成立 年份
QQQ	Invesco 納斯達克 100 指數 Invesco QQQ Trust	226,200	0.200%	1999
QLD	ProShares 二倍做多納斯達克 100 指數 ProShares Ultra QQQ	5,200	0.950%	2006
TQQQ	ProShares 三倍做多納斯達克 100 指數 ProShares UltraPro QQQ	19,300	0.880%	2010
PSQ	ProShares 一倍放空納斯達克 100 指數 ProShares Short QQQ	642	0.950%	2006
QID	ProShares 二倍放空納斯達克 100 指數 ProShares UltraShort QQQ	351	0.950%	2006
SQQQ	ProShares 三倍放空納斯達克 100 指數 ProShares UltraPro Short QQQ	3,400	0.950%	2010

資料來源：Morningstar 2024.01 ／作者整理

表 6-1-4 其他大型股 ETF

ETF 代號	ETF 名稱	規模 (百萬美元)	費用率	成立 年份
MGC	Vanguard 美國大型股 Vanguard Mega Cap ETF	4,700	0.070%	2007
OEF	iShares S&P 100 iShares S&P 100 ETF	12,500	0.200%	2000
XLG	Invesco S&P 500 前 50 大 Invesco S&P 500 Top 50 ETF	3,200	0.200%	2005

資料來源：Morningstar 2024.01 ／作者整理

6-2

市場脈動先驅：
中小型企業指數

　　前述的美股三大指數的權重占比都是以名列前茅的大型股為主，但美國還有不可忽視的中小型企業市場。一般來說，中小型市場對市場變化的反應比大型股來得快速，波動較大，也是經濟風向參考的重點指標。知名的中小型企業指數包含「標準普爾中型股 400 指數」（S&P MidCap 400 Index，簡稱 S&P 400）、「標準普爾小型股 600 指數」（S&P SmallCap 600 Index，簡稱 S&P 600），還有最具美國小型企業整體代表的「羅素 2000 指數」（Russell 2000 Index）。所有的大型股都是由中小型股慢慢成長茁壯，因此有些中小型股的績效表現不輸大型股，值得關注。

　　以大型股為主的 S&P 500、中型股的 S&P 400 以及小型股的 S&P 600，組合起來就是標準普爾綜合 1500 指數（S&P Composite 1500 Index，簡稱 S&P 1500），涵蓋了美國大型、中型和小型上市公司。規模普遍以市值區分為三種：

大型股（Large Cap）：100 億美元以上

中型股（Mid Cap）：20–100 億美元

小型股（Small Cap）：20 億美元以下

以美國整體市場的覆蓋率來看，S&P 1500 就占了美國股市約九成的市值，光是 S&P 500 就占了八成以上。從圖 6-2-1 可以發現中型股的 S&P 400 以及小型股的 S&P 600 加起來的數量雖然很多，但市值占比卻不高。另外還有一成沒有涵蓋到的部分，有許多是微型股（市值約 3 億美元以下）或是不符合 S&P 指數審核條件的公司，例如公司總部不在美國、交易量不夠、財報表現不佳等，並非只要有「市值」規模就可以被選入標普指數，還有其他綜合的衡量基準。

圖 6-2-1 S&P 1500 美國市場覆蓋率

% Coverage of U.S. Market

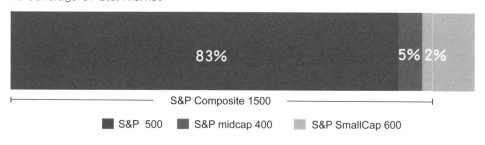

資料來源：S&P Global 2022.06

中小型股的市值占比較小不代表它不重要，從企業數量來看才是大宗，對整個社會的就業人口、經濟發展和創新研發等都有相當的影響力，具備著許多值得市場參考觀察的特性與價值。

表 6-2-1 中型股相關 ETF

ETF 代號	ETF 名稱	規模 (百萬美元)	費用率	成立 年份
IJH	iShares 核心標普中型股指數 iShares Core S&P Mid-Cap ETF	76,300	0.050%	2000
VO	Vanguard 中型股 Vanguard Mid-Cap ETF	59,100	0.040%	2004
MDY	SPDR S&P 400 中型股 SPDR S&P MidCap 400 ETF Trust	20,100	0.230%	1995
IWR	iShares 羅素中型股 iShares Russell Mid-Cap ETF	30,200	0.190%	2001
SPMD	SPDR 投資組合 S&P 400 中型股 SPDR Portfolio S&P 400 Mid Cap ETF	8,000	0.030%	2005
MVV	ProShares 二倍做多中型股 400 ProShares Ultra MidCap400	133	0.950%	2006
UMDD	ProShares 三倍做多中型股 400 ProShares UltraPro MidCap400	29	0.950%	2010
MIDU	Direxion 每日三倍做多中型股 Direxion Daily Mid Cap Bull 3X Shares	68	1.030%	2009
MYY	ProShares 一倍放空中型股 400 ProShares Short MidCap400	6	0.950%	2006
MZZ	ProShares 二倍放空中型股 400 ProShares UltraShort MidCap400	2	0.950%	2006
SMDD	ProShares 三倍放空中型股 400 ProShares UltraPro Short MidCap400	3	0.950%	2010

資料來源：Morningstar 2024.01／作者整理

表 6-2-2 小型股相關 ETF

ETF 代號	ETF 名稱	規模 (百萬美元)	費用率	成立 年份
IJR	iShares 核心標普小型股指數 iShares Core S&P Small-Cap ETF	76,500	0.060%	2000
VB	Vanguard 小型股 Vanguard Small-Cap ETF	50,200	0.050%	2004
SCHA	Schwab 美國小型股 Schwab U.S. Small-Cap ETF	15,700	0.040%	2009
VIOO	Vanguard S&P 600 小型股 Vanguard S&P Small-Cap 600 ETF	2,500	0.100%	2010
SAA	ProShares 二倍做多小型股 600 ProShares Ultra SmallCap600	32	0.950%	2007
SBB	ProShares 一倍放空小型股 600 ProShares Short SmallCap600	7	0.950%	2007
SDD	ProShares 二倍放空小型股 600 ProShares UltraShort SmallCap600	2	0.950%	2007

資料來源：Morningstar 2024.01 ／作者整理

• 羅素 2000 指數（簡稱 Russell 2000，羅素 2000）指數代號：RUT

　　羅素 2000 是目前市場觀察與投資小型股最常參考的指數，因為它所涵蓋的產業及成分股最多，較能反映小型市場的狀況。它採用的是市值加權法，由羅素 3000 指數中市值排序最小的 2,000 支股票所組成，相當於美股市值排名約第 1,001–3,000 名的股票。小型股指數的優勢是涵蓋許多新興的成長型公司，比起大型股指數公司更多元化，有時股價的波動也更劇烈。目前大型股指數以科技類股的占比最

高，而羅素 2000 的小型股產業分布則以工業、金融和醫療保健市值占比較高。

圖 6-2-2 羅素 2000 指數產業分布

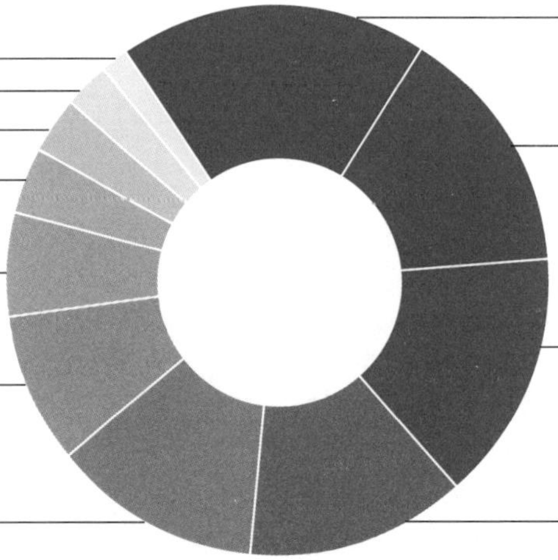

通訊 1.42%
公用事業 3.02%
必需消費品 3.08%
原物料 3.88%
房地產 6.22%
能源 9.01%
科技 12.40%

工業 18.45%
金融 14.87%
醫療保健 14.54%
非必需消費品 13.10%

資料來源：FTSE Russell 2023.10，以 ICB 系統分類

表 6-2-3 羅素 2000 指數 ETF

ETF代號	ETF 名稱	規模(百萬美元)	費用率	成立年份
IWM	iShares 羅素 2000 指數 iShares Russell 2000 ETF	66,000	0.190%	2000
VTWO	Vanguard 羅素 2000 指數 Vanguard Russell 2000 Index Fund	7,800	0.100%	2010

ETF 代號	ETF 名稱	規模 （百萬美元）	費用率	成立 年份
UWM	ProShares 二倍做多羅素 2000 指數 ProShares Ultra Russell 2000	218	0.950%	2007
URTY	ProShares 三倍做多羅素 2000 指數 ProShares UltraPro Russell 2000	404	0.950%	2010
TNA	Direxion 每日三倍做多小型股 Direxion Daily Small Cap Bull 3X Shares	2,000	1.090%	2008
RWM	ProShares 一倍放空羅素 2000 指數 ProShares Short Russell 2000	239	0.950%	2007
TWM	ProShares 二倍放空羅素 2000 指數 ProShares UltraShort Russell 2000	69	0.950%	2007
SRTY	ProShares 三倍放空羅素 2000 指數 ProShares UltraPro Short Russell 2000	139	0.950%	2010
TZA	Direxion 每日三倍放空小型股 Direxion Daily Small Cap Bear 3X Shares	422	1.030%	2008

資料來源：Morningstar 2024.01 ／作者整理

6-3

股海裡的「價值股 ETF」和「成長股 ETF」

　　市場除了有分大型股、中型股和小型股的 ETF 選擇，還有「價值股」（Value Stock）和「成長股」（Growth Stock）的分類選擇。價值股通常是指股價被低估的好公司，公司的內在價值大於現在價格。成長股則是指潛力可期的高成長公司，預估公司未來的價值將大於現在的價格。以下是價值股和成長股相關的 ETF。

表 6-3-1 價值股和成長股相關 ETF

ETF 主題		ETF 代號
價值股	綜合股	VLUE、ILCV、JVAL
	大型股	MGV、SCHV、AVLV、VOOV
	中型股	IJJ、MDYV、IVOV、IMCV
	小型股	VBR、IJS、SLYV、VIOV、VTWV、ISCV
成長股	綜合股	VUG 、IUSG、JGRO
	大型股	IVW、MGK 、SPYG
	中型股	VOT、IJK、MDYG、IMCG
	小型股	VBK、IJT、VTWG、VIOG、ISCG

　　價值股具有相對較低的本益比和股價淨值比，也就是從基本面評估股價不貴的公司。這類公司通常有一定的價值和實力，其中不乏成熟、穩健的公司，但成長性較弱或有不利的因素，對許多投資者來說，短期報酬率比較沒有看頭，因此在市場上容易被忽視。若公司發展沒有市場預期的悲觀，反而是逢低買進這些被低估股票的機會，尤其有許多的價值股波動較低且配息穩定，具備不錯的長期投資條件。

　　與價值股相比，成長股是投資市場的寵兒，主要指那些預期發展和獲利成長會高於市場平均的公司。這些公司通常是年輕的潛力公司，如果發展有符合或是超越預期，被市場推高的股價有可能變得相對便宜，但如果實際發展不佳，股價就會大幅下跌，風險較高。

　　大型公司的數量較少，即便不同券商也難以避免重複性高的成分股，常見的成分股包含蘋果、微軟等世界名列前茅的大公司，光是將微軟公司納入成分股的 ETF 就高達幾百支，蘋果公司也不遑多讓。比起大型股 ETF，主動型的中小型公司 ETF 在成分股方面較具多元性和差異性，不同的發行商可以從數量較多的中小型公司中各憑本事挑選黑馬，有更多「潛力組合」的 ETF 開發空間。

　　中小型成長股的魅力在於爆發力，因為中小型企業是大型企業必經的過程，公司不會一夕之間從零發展成大型公司，若有幸跟上中小型股的成長期，公司的股價可能有機會翻十幾倍甚至百倍，只是這樣的公司不多見。在多頭市場，有些中小型公司的股價漲幅可能會超越大型公司，但在空頭市場也比較脆弱，跌幅容易比大型公司更深。

6-4

美國和全球
整體市場 ETF

不管是投資組合策略或是分散風險考量，如果想投資廣泛的市場領域，可以考慮美國和全球整體市場 ETF。在檢視相關 ETF 的成分股時，可能會發現即使主題是全球市場，美國公司的占比還是很有分量，其實不是因為 ETF 選股不夠國際化，而是作為世界經濟的領頭羊，美國在全球市場銷售的規模和獲利方面都有明顯的國際優勢且市值大，因此能見度很高。

表 6-4-1 美國和全球整體市場 ETF

ETF 代號	ETF 名稱	規模 （百萬美元）	費用率	成立 年份
VTI	Vanguard 整體股市（美國市場） Vanguard Total Stock Market Index Fund	345,700	0.030%	2001
ITOT	iShares 核心標普美股總體市場指數 iShares Core S&P Total U.S. Stock Market ETF	48,600	0.030%	2004

ETF 代號	ETF 名稱	規模 （百萬美元）	費用率	成立 年份
VT	Vanguard 全世界股票 Vanguard Total World Stock Index Fund	31,800	0.070%	2008
ACWI	iShares MSCI 全世界 iShares MSCI ACWI ETF	18,700	0.320%	2008
VXUS	Vanguard 總體國際股票（不含美國） Vanguard Total International Stock ETF	62,500	0.070%	2011
IXUS	iShares 核心 MSCI 總體國際股市（不含美國） iShares Core MSCI Total International Stock ETF	33,500	0.070%	2012
URTH	iShares MSCI 全球 iShares MSCI World ETF	3,000	0.240%	2012
IOO	iShares 全球 100 iShares Global 100 ETF	4,600	0.410%	2000

資料來源：Morningstar 2024.01 ／作者整理

　　VTI 聚焦在美國整體市場，與前述的三大股指數和中小型企業指數不同，綜合涵蓋了美國約 3,000 家以上的大、中和小型的掛牌公司，追蹤的是「CRSP 美國全市場指數」（CRSP US Total Market Index）。ITOT 與 VTI 追蹤的市場相似，差異在 ITOT 追蹤的是「標普全市場指數」（S&P Total Market Index, TMI）。VT 是投資全球市場，主要追蹤「富時全球全市場指數」（FTSE Global All Cap Index），目前持有 9,000 檔以上的成分股，有一半以上都來自美國公司，其他則包含日本、英國、香港、加拿大、法國、德國、瑞士、台灣和澳洲地區等公司。ACWI 也是投資全球市場，持有約 2,300 檔成分股，主要追蹤「摩根所有國家世界指數」（MSCI All Country World Index, ACWI）。

在美股 ETF 名稱中如果含有 Global 字樣表示全球市場，如果有顯示 International 表示以美國角度來看的國際市場，也就是不含美國市場。如表 6-4-3，VXUS 是持有美國市場以外的國際投資選項，涵蓋 40 個國家以上的股票。如果已經有投資美國公司，就可以選擇將 VXUS 納入投資組合，作為一種分散風險的配置。IXUS 也是另一個排除美國市場的全球投資選擇。

平時看美股不意外地大多都是美國公司，因此當我發現有不含美國市場的 ETF 時，也會好奇世界還有其他哪些脫穎而出的公司。檢視表 6-4-2，目前 VSUX 和 IXUS 的前十名成分股多數相似，以亞洲和歐洲企業為主，有半導體、醫療生技、電子科技、能源和食品等產業。這些世界級公司備受投資界的關注，在後續不同類型的 ETF 中也會見到它們的蹤影。

表 6-4-2 國際整體市場（不含美國市場）ETF 重點成分股

地區和公司名稱＼ETF	VXUS	IXUS
台灣／TSMC	●	●
丹麥／Novo Nordisk	●	●
瑞士／Nestle	●	●
荷蘭／ASML	●	●
韓國／Samsung Electronics Co	●	●
中國／Tencent	●	●
瑞士／Novartis	●	●
英國／AstraZeneca PLC	●	●
荷蘭／Shell PLC	●	●
日本／Toyota Motor Corp	●	
瑞士／Roche		●

參考來源：Morningstar 2024.01 ／作者整理，取占比前十名主要成分股

表 6-4-3 美國及全球整體市場 ETF 重點比較表

ETF	VTI	ITOT	VT
追蹤市場	美國整體市場	美國整體市場	全球整體市場
成分股數量	約 3,800 檔	約 2,600 檔	約 9,500 檔
近 10 年 年化報酬率	11.46%	11.54%	8.13%

ETF	ACWI	VXUS	IXUS
追蹤市場	全球整體市場	全球整體市場 （美國市場除外）	全球整體市場 （美國市場除外）
成分股數量	約 2,300 檔	約 8,500 檔	約 4,300 檔
近 10 年 年化報酬率	8.11%	4.13%	3.99%

資料來源：Morningstar 2024.01 ／作者整理

　　從表 6-4-3 可以觀察到追蹤的市場越相近，績效表現也會比較接近，目前以美國整體市場的成長表現最佳，含有美國公司的 ETF 比不含美國公司的績效表現更好。錢會跟著市場走，美國本身不但是世界最大的消費市場，有許多頂尖公司的產品及服務也外銷全球，獲利可觀也會反映在投資報酬率上。未來美國的世界經濟霸主地位會不會改變是未知數，但從當前的投資市場表現來看，美國企業的競爭力和消費市場對世界經濟有重要的影響力。

第 **7** 章

把握景氣循環的
績優類股：產業型 ETF

　　整個市場經濟可以分成不同的產業，每一種產業都有專屬的特性。風水輪流轉，在景氣循環下，不同產業的表現也不一樣，而且每個時代也有不同的熱門產業代表。投資者可以追蹤產業和市場發展趨勢，透過產業型 ETF 把握成長時機。

　　產業型 ETF 是追蹤一籃子在特定產業中具有代表性的股票。投資市場以產業分類為大宗，這也是大家比較容易辨識的投資方向。全球產業分類目前有兩大系統，全球行業分類標準（Global Industry Classification Standard, GICS）和行業分類基準（Industry Classification Benchmark, ICB），大多數的公司都歸類在這兩種分類系統中。

　　GICS 是投資領域常使用及參考的產業分類系統，由知名的標普道瓊指數（S&P Dow Jones Indices）和摩根史坦利公司（Morgan Stanley Capital International, MSCI）共同編製，在 1999 年推出，將產業結構分成 11 大類。ICB 則是由道瓊（Dow Jones）和富時羅素（FTSE Russell）於 2005 年推出的行業分類系統，同樣也分為 11 大類。前一章總體市場介紹的標準普爾（S&P）指數使用的就是 GICS 分類系統，而納斯達克綜合指數、羅素 2000 指數和許多歐洲的證券交易所使用的是 ICB 分類系統。

　　這兩種分類系統的大分類差異不大，在細分類部分才有些不同，例如社群媒體公司在 GICS 屬於通訊服務類，而在 ICB 是屬於非必需消費品類；煤炭在 ICB 屬於原物料類，而在 GICS 屬於能源類。有些公司業務涵蓋的範疇廣闊，可跨領域同時符合不同分類的定義。除了這兩種分類系統之外，其他的投資相關機構也會開發自己的分類定義和系統，像是知名的股票資訊網站 Morningstar 使用的是自己開發的分類系統。本書的產業型 ETF 分類主要參考的是 GICS 大方向產業分布，如表 7-0-1。

表 7-0-1 全球行業分類標準
（Global Industry Classification Standard, GICS）

1	能源 Energy	石油、天然氣、煤炭相關的開採、設備和服務
2	原物料 Materials	化學品、施工材料、金屬礦採、農業、林業和紙類
3	工業 Industrials	航空、國防、建築工程、基礎設施、機械製造、運輸
4	必需消費品 Consumer Staples	食品、藥品零售、個人和家庭用品
5	非必需消費品 Consumer Discretionary	汽車、家用電器、服裝紡織、休閒消費、百貨零售
6	醫療保健 Health Care	醫療保健服務、產品和設備、製藥、生物科技
7	資訊科技 Information Technology	資訊軟體、硬體相關技術和設備、半導體
8	金融 Financials	銀行、保險、資產管理、金融交易服務
9	通訊服務 Communication Services	電信服務、互聯網媒體
10	公用事業 Utilities	電力、天然氣、水利和廢物處理等相關公用設施
11	房地產 Real Estate	房地產經營管理、開發和銷售服務相關信託

資料來源：GICS 官方網站／作者整理

7-1

能源：石油、天然氣、煤炭、其他能源

　　「能源」是世界經濟的重要引擎，目前全球能源仍以化石燃料為主，包括石油、天然氣和煤炭，對物價及通膨有相當的影響力。這些能源的取得仰賴各地的先天資源，不是所有國家都擁有得天獨厚的條件。這也使得能源經常淪為國際交易的談判籌碼，價格會隨著國際情勢、經濟環境和各國的政策方向起起伏伏，在投資方面屬於波動性較大的商品。例如近期的烏俄戰爭，從戰爭爆發到國際對俄羅斯的制裁，在短期內就對能源的價格產生大幅的波動影響。

　　石油是目前全球使用占比最高的能源，也是世界交易量最大的商品之一，再來分別是煤炭和天然氣。我們習慣將石油作為一種統稱，如果以「原油」（crude oil）稱呼時，主要是指那些未經加工提煉的石油。國際原油市場的報價以產地不同分為三大基準，也稱作三大原油：西德州原油（West Texas Intermediate, WTI）、布蘭特原油（Brent Crude）、和杜拜／阿曼原油（Dubai/Oman）。

　　西德州原油產自美國內陸，是三大原油中品質最好的，也使用先進的科技和設備開採，美國與加拿大的原油合約以此為參考基準。布蘭特原油的油田位於北海，透過海運可運達世界許多地區，是歐洲、非洲及中東的原油合約定價的參考基準，也是目前世界一半以上原油合約的依據。杜拜／阿曼原油，如其名來自於杜拜和阿曼的油田，在三大原油中影響力較小且油質較差，銷往亞洲的原油主要以此為定價基準。在 2022 年，世界前五大原油生產國包含美國、沙烏地阿拉伯、俄羅斯、加拿大和伊拉克。

　　作為世界第二大能源使用的煤炭，主要的生產大國有中國、印度、印尼、美國和澳洲。煤炭作為能源對環境所造成的負擔較大，尤其燃煤發電廠是目前人類二氧化碳最大的排放來源之一，煤炭的空氣汙染已對世界的氣候環境造成影響。國際雖然一直提倡要降低煤燃料的使用，但在石油和天然氣的開採供應量無法跟上經濟成長的需求，以及替代能源不足的情況下，煤炭在能源中依舊扮演著重要的角色。煤炭相關的能源公司在美股的投資選擇相對較少，一來是未來減碳能源的發展趨勢，二來是世界一半以上的煤炭生產及消耗大多集中在中國，對歐美市場來說石油和天然氣更具經濟效益。

　　世界能源使用排名第三的天然氣所產生的二氧化碳比石油和煤炭少很多，符合國際對減碳趨勢的期待，因此天然氣的使用占比正在逐漸提高，只是價格同樣會隨著供需和國際政治情勢浮動。目前天然氣主要的供給國家為美國、俄羅斯、伊朗、卡達和加拿大，光是美國與俄羅斯就提供世界所需一半以上的量能。

除了傳統的石化燃料能源，新一代的低碳能源也越來越受關注，包括太陽能、風能、地熱能、生質能、地熱能及廢棄物處理所產生的能源等等。潔淨的再生能源是世界不斷倡導的發展方向，也是很多石化燃料資源匱乏國家的希望，只是它需要投注大量的資金和研發，現階段開發和運用的成本高昂，要落實在生活中還有困難度。隨著氣候變遷讓全球的環保意識抬頭，近年也有越來越多的發展政策出爐，使這塊領域受到投資界的矚目，期待未來能有亮眼的成長潛力。

在投資方面，市場上稱作的能源股及能源 ETF 相關的成分股，目前主要聚焦在傳統能源，也就是石化燃料的商品和開採提煉公司，再生能源的占比不大，因為當前世界的運作還高度仰賴著傳統能源，經濟規模依舊龐大，也屬於高營收的產業之一。由於能源開發的競爭門檻相當高，長期都以知名的少數企業為主，因此財務和獲利表現相對穩定。

圖 7-1-1 近十年 S&P 500 能源類股走勢圖

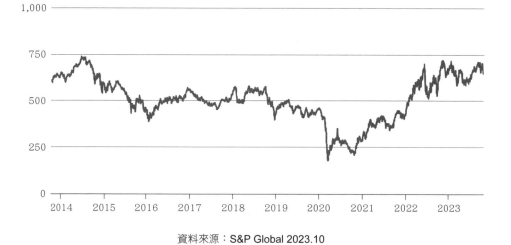

資料來源：S&P Global 2023.10

表 7-1-1 綜合型能源類股 ETF

ETF 代號	ETF 名稱	規模（百萬美元）	費用率	成立年份
XLE	SPDR 能源類股 Energy Select Sector SPDR ETF	36,500	0.100%	1998
VDE	Vanguard 能源類股 Vanguard Energy ETF	8,000	0.100%	2004
IXC	iShares 全球能源 iShares Global Energy ETF	3,000	0.440%	2001
IYE	iShares 美國能源 iShares US Energy ETF	1,300	0.400%	2000
FENY	Fidelity MSCI 能源指數 Fidelity MSCI Energy ETF	1,500	0.084%	2013
ERX	Direxion 每日二倍做多能源 Direxion Daily Energy Bull 2X ETF	392	0.940%	2008
ERY	Direxion 每日二倍放空能源 Direxion Daily Energy Bear 2X ETF	16	1.080%	2008

參考來源：Morningstar 2024.01 ／作者整理

表 7-1-2 能源產業 ETF 重點成分股

公司名稱（個股代號）＼ ETF	XLE	VDE	IXC	IYE	FENY
Exxon Mobil Corp（XOM）	●	●	●	●	●
Chevron Corp（CVX）	●	●	●	●	●
ConocoPhillips（COP）	●	●	●	●	●
EOG Resources Inc（EOG）	●	●	●	●	●
Schlumberger Ltd（SLB）	●	●	●	●	●
Marathon Petroleum Corp（MPC）	●	●		●	●
Pioneer Natural Resources Co（PXD）	●	●		●	●
Phillips 66（PSX）	●	●		●	●
Valero Energy Corp（VLO）	●	●		●	●

參考來源：Morningstar 2024.01 ／作者整理，取占比前十名內主要共同成分股

美國的石油品質和先進的能源開採設備都具有國際競爭力，目前世界市值最大和獲利亮眼的前兩名能源公司都在美國，主要生產石油和天然氣，分別為埃克森美孚（Exxon Mobil Corp，代號：XOM）和雪佛龍（Chevron Corp，代號：CVX），也是許多能源 ETF 的重要成分股，投資占比明顯比其他能源成分股來得高。

表 7-1-3 能源產業 ETF 重點成分股公司簡介

公司名稱 （個股代號）	公司市值 （百萬美元）	簡介
Exxon Mobil Corp （XOM）	412,550	埃克森美孚是美國第一大石油公司，在世界各地探勘及開採天然氣和原油，然後提煉和輸出。
Chevron Corp （CVX）	287,560	雪佛龍是大型的綜合能源公司，也是美國第二大石油公司，主要在全球探勘開採原油和天然氣，然後提煉和輸出。
ConocoPhillips （COP）	142,410	美國具競爭力的石油和天然氣開採生產公司，市值較前兩間小但規模也在全球的前五名。
EOG Resources Inc（EOG）	72,880	美國石油和天然氣開採生產公司，在世界許多國家都有營運據點。
Schlumberger Ltd （SLB）	75,210	全球最大的油田服務公司之一，擁有整合的專業知識，提供油井建設、生產系統整合和油管設備解決方案等服務。
Marathon Petro-leum Corp（MPC）	59,950	美國具規模的煉油公司，也是美國主要的汽油與蒸餾油批發供應商之一。
Pioneer Natural Resources Co （PXD）	54,210	美國石油和天然氣探勘開採及加工處理公司。
Phillips 66（PSX）	59,720	主要提供能源及化學品的提煉、加工、運輸和銷售服務，是從 ConocoPhillips 拆分出來的公司。
Valero Energy Corp （VLO）	45,530	美國最大的獨立煉油商之一，在美國、加拿大和英國經營 15 家煉油廠。

參考來源：Morningstar 2024.01 ／作者整理

表 7-1-4 石油商品相關 ETF

ETF 代號	ETF 名稱	規模 (百萬美元)	費用率	成立 年份
USO	United States 石油 United States Oil	1,600	0.600%	2006
DBO	Invesco 德銀石油 Invesco DB Oil Fund	237	0.750%	2007
BNO	United States 布蘭特原油 United States Brent Oil	139	1.000%	2010
UCO	ProShares 二倍做多彭博原油 ProShares Ultra Bloomberg Crude Oil	657	0.950%	2008
DIG	ProShares 二倍做多石油與天然氣 ProShares Ultra Oil & Gas	112	0.950%	2007
SCO	ProShares 二倍放空彭博原油 ProShares UltraShort Bloomberg Crude Oil	172	0.950%	2008
DUG	ProShares 二倍放空石油與天然氣 ProShares UltraShort Oil & Gas	15	0.950%	2007

參考來源：Morningstar 2024.01 ／作者整理

表 7-1-5 石油與天然氣開採公司相關 ETF

ETF 代號	ETF 名稱	規模 (百萬美元)	費用率	成立 年份
XOP	SPDR 標普油氣開採與生產 SPDR S&P Oil & Gas Exploration & Production ETF	3,700	0.350%	2006
OIH	VanEck 石油服務 VanEck Oil Services ETF	2,200	0.350%	2011
IEO	iShares 美國油氣探勘與生產 iShares US Oil & Gas Exploration & Production ETF	751	0.400%	2006
IEZ	iShares 美國石油設備與服務 iShares US Oil Equipment & Services ETF	304	0.400%	2006

ETF 代號	ETF 名稱	規模 (百萬美元)	費用率	成立 年份
GUSH	Direxion 每日二倍做多標普油氣探勘與 生產 Direxion Daily S&P Oil & Gas Exp. & Prod. Bull 2X ETF	521	0.990%	2015
DRIP	Direxion 每日二倍放空標普油氣探勘與 生產 Direxion Daily S&P Oil & Gas Exp. & Prod. Bear 2X ETF	59	1.090%	2015

參考來源：Morningstar 2024.01 ／作者整理

表 7-1-6 天然氣相關 ETF

ETF 代號	ETF 名稱	規模 (百萬美元)	費用率	成立 年份
FCG	First Trust 天然氣 First Trust Natural Gas ETF	482	0.600%	2007
UNG	United States 天然氣 United States Natural Gas	1,000	1.060%	2007
BOIL	Proshares 二倍做多彭博天然氣 ProShares Ultra Bloomberg Natural Gas	956	1.240%	2011
KOLD	Proshares 二倍放空彭博天然氣 ProShares UltraShort Bloomberg Natural Gas	123	1.370%	2011

參考來源：Morningstar 2024.01 ／作者整理

　　我們資訊常看到的綠色能源、潔淨能源、清潔能源和替代能源，大多指對環境友善，不破壞和汙染環境的能源利用方式，尤其現在世界氣候異常和環境災害普遍，人類需要做出更多、更快速的改變，防止地球環境惡化下去。如先前提到的潔淨能源有很多種，但真正符合

經濟效益的選擇還不多，目前相關投資領域以太陽能行業為大宗，其次為風能。觀察相關 ETF 的前十名成分股，會發現科技公司在潔淨能源中也扮演著重要的角色，因為新能源的開發需要大量的技術突破，才能滿足人類對能源的依賴及未來的需求成長。

表 7-1-7 潔淨能源相關 ETF

ETF 代號	ETF 名稱	規模（百萬美元）	費用率	成立年份
ICLN	iShares 全球潔淨能源 iShares Global Clean Energy ETF	3,000	0.410%	2008
QCLN	First Trust 納斯達克 Clean Edge 潔淨綠能指數 First Trust NASDAQ Clean Edge Green Energy Index Fund	1,100	0.580%	2007
PBW	Invesco WilderHill 潔淨能源 Invesco WilderHill Clean Energy ETF	462	0.660%	2005
ACES	ALPS 潔淨能源 ALPS Clean Energy ETF	295	0.550%	2018
TAN	Invesco 太陽能 Invesco Solar ETF	1,700	0.670%	2008
FAN	First Trust 全球風力能源 First Trust Global Wind Energy ETF	215	0.600%	2008
KLNE	Direxion 每日二倍做多全球潔淨能源 Direxion Daily Global Clean Energy Bull 2X Shares	5	1.310%	2021

參考來源：Morningstar 2024.01 ／作者整理

原物料：農業、金屬、其他天然資源

　　原物料長期被視為一種抗通膨的投資，在市場交易的原物料稱作大宗商品，以能源、金屬和農產品為主。大宗商品分為「硬商品」（hard commodity）和「軟商品」（soft commodity）。硬商品大多是指能源和金屬類商品，包括石油、煤炭、黃金、白銀等透過開採的天然資源；而軟商品經常與農產品有關，包含種植的大豆、玉米、棉花和養殖的畜產品等。原物料涵蓋廣泛，只是並非所有項目都能成為投資商品。能源產業因經濟規模龐大，在行業分類體系中獨自為一類，但因商品屬性關係，能源也是許多原物料指數和 ETF 中常見的成員之一。如果想要了解商品市場的趨勢，可以參考目前全球具代表性的商品指數：CRB 期貨價格指數（Commodity Research Bureau Futures Price Index）。該指數由美國商品研究局於 1957 年推出，是市場最早推出的商品指數之一，除了反映物價發展，也可以觀察通貨膨脹的情況並推測利率可能的走勢。

　　大型綜合原物料類股 ETF 的成分股通常會鎖定具經濟產值規模的行業公司，像是化學原料、金屬品、包裝材料和建築材料等。其中，化學原料行業的需求及成長相對穩定，對經濟週期循環反應也較緩和，因此可以發現到化學品公司在原物料投資領域中占有一席之地。只是化學品的安全性和對環境的影響也有風險，若有訴訟通常可能要很多年才能解決，在嚴重的情況下會導致高額的清理費和賠償金，對公司股價也會有衝擊。

　　總體來說，大多數的原物料公司屬於資本密集型產業，需要投入大量資金也需要時間回本，這是在投資時要考量的風險，尤其不少公司為了降低成本，選擇在政治較不穩定的國家設廠。投資除了著重公司的獲利成長，也需要留意潛在的風險。

圖 7-2-1 近十年 S&P 500 原物料類股走勢圖

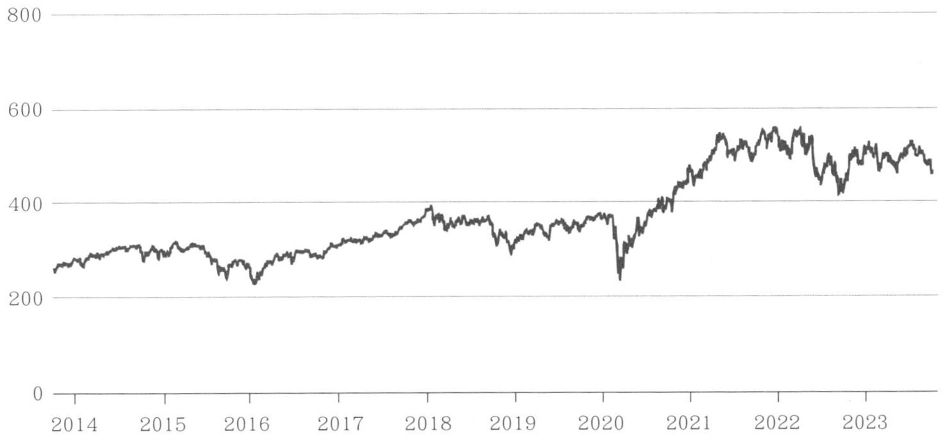

資料來源：S&P Global 2023.10

表 7-2-1 原物料類股 ETF

ETF 代號	ETF 名稱	規模 (百萬美元)	費用率	成立 年份
XLB	SPDR 原物料類股 Materials Select Sector SPDR ETF	5,100	0.100%	1998
VAW	Vanguard 原物料類股 Vanguard Materials ETF	2,700	0.100%	2004
IYM	iShares 美國基礎原物料 iShares US Basic Materials ETF	682	0.400%	2000
FMAT	Fidelity MSCI 原物料指數 Fidelity MSCI Materials FTF	474	0.084%	2013
MXI	iShares 全球原物料 iShares Global Materials ETF	260	0.410%	2006
UYM	ProShares 二倍做多原物料 ProShares Ultra Basic Materials	41	0.950%	2007
SMN	ProShares 二倍放空原物料 ProShares UltraShort Basic Materials	1	0.950%	2007

參考來源：Morningstar 2024.01 ／作者整理

表 7-2-2 原物料產業 ETF 重點成分股

公司名稱（個股代號）＼ ETF	XLB	VAW	IYM	FMAT	MXI
Linde PLC（LIN）	●	●	●	●	●
Air Products & Chemicals Inc（APD）	●	●	●	●	●
Freeport-McMoRan Inc（FCX）	●	●	●	●	●
Sherwin-Williams Co（SHW）	●	●		●	●
Ecolab Inc（ECL）	●	●	●	●	
Newmont Corp（NEM）	●	●	●	●	
Dow Inc（DOW）	●	●	●	●	
Nucor Corp（NUE）	●	●	●	●	
PPG Industries Inc（PPG）	●	●		●	
DuPont de Nemours Inc（DD）		●		●	

參考來源：Morningstar 2024.01 ／作者整理，取占比前十名內主要共同成分股

表 7-2-3 原物料產業 ETF 重點成分股公司簡介

公司名稱 （個股代號）	公司市值 （百萬美元）	簡介
Linde PLC（LIN）	198,120	林德集團是全球最大的工業氣體供應集團，它的化學原料運用範疇橫跨許多產業領域，包含生物科技、醫療保健、航太發展、石油提煉、食品加工、半導體、環保產業等，其業務遍及一百多個國家。
Air Products & Chemicals Inc （APD）	60,060	全球領先的工業氣體供應商之一，也是全球最大的氫氣和氦氣供應商，是電子產品、能源、化工、醫療、金屬產業等領域不可或缺的材料，其業務遍及約 50 個國家。
Freeport- McMoRan Inc （FCX）	59,580	國際礦業公司，主要開採銅、金、鉬、銀和其他金屬，是全球最大的銅生產商之一，此外也開採石油和天然氣。
Sherwin-Williams Co（SHW）	75,710	美國最大的建築塗料供應商，擁有近五千家商店，目前是世界前三大塗料公司之一。
Ecolab Inc（ECL）	55,920	藝康集團是全球知名的清潔、消毒和除蟲處理公司，服務市場涵蓋餐廳、飯店、工廠和醫療機構等不同行業。在水資源檢測處理、衛生和能源方面也提供領先的技術和服務。
Newmont Corp （NEM）	46,240	全球最大的黃金礦商之一，礦產遍布許多國家，近年也積極收購相關公司。
Dow In（DOW）	38,010	陶氏化學是全球最大的化學品生產商之一，擁有超過百年歷史，主要為塑料、工業中間體和基礎設施提供材料和解決方案。
Nucor Cor（NUE）	42,300	美國最大的鋼鐵公司之一，經營業務包含鋼鐵工廠、鋼鐵材料及相關產品貿易。
PPG Industries Inc （PPG）	34,170	全球塗料供應商，最終用戶橫跨不同領域包含汽車、航空航太、建築和工業等。業務遍及世界不同地區，有超過一半以上營收來自北美以外市場。
DuPont de Nemours Inc（DD）	32,920	杜邦是一家多元化的全球專業化學品公司，開發許多特殊的化學材料，運用在電子、通訊、汽車、運輸、醫療器材、建築等多種行業。

參考來源：Morningstar 2024.01 ／作者整理

市場商品除了 CRB 期貨價格指數以外，陸續也有不同的商品指數推出，例如道瓊商品指數（Dow Jones Commodity Index, DJCI）、彭博商品指數（Bloomberg Commodity Index, BCOM）和標普高盛商品指數（Goldman Sachs Commodity Index, GSCI）等，以下是追蹤商品指數的相關 ETF。

表 7-2-4 綜合商品相關 ETF

ETF 代號	ETF 名稱	規模（百萬美元）	費用率	成立年份
DBC	Invesco 德銀商品指數 Invesco DB Commodity Index Tracking Fund	1,700	0.850%	2006
GSG	iShares 標普高盛商品指數 iShares S&P GSCI Commodity-Indexed Trust	974	0.750%	2006
BCI	abrdn 彭博所有商品策略（免 K-1） abrdn Bloomberg All Commodity Strategy K-1 Free ETF	802	0.260%	2017

參考來源：Morningstar 2024.01／作者整理

另外，也有聚焦在綜合天然資源為主題的 ETF，涵蓋能源、金屬業、畜牧業、農業、食品業、林業和水資源，但各家的行業占比不同。例如 GUNR、GNR、NANR 和 GRES 目前著重在能源業，以能源類成分股占比最高。同樣都持有金屬公司的成分股，GUNR、GNR、FTRI 和 GRES 偏重工業金屬公司，而 NANR 則偏重貴金屬公司。

表 7-2-5 天然資源相關 ETF

ETF 代號	ETF 名稱	規模 （百萬美元）	費用率	成立 年份
GUNR	FlexShares 晨星全球上游自然資源指數 FlexShares Morningstar Global Up stream Natural Resources Index Fund	6,900	0.460%	2011
GNR	SPDR 標普全球天然資源指數 SPDR S&P Global Natural Resources ETF	4,000	0.400%	2010
FTRI	First Trust Indxx 全球天然資源 First Trust Indxx Global Natural Resources Inc ETF	223	0.700%	2010
NANR	SPDR S&P 北美天然資源 SPDR S&P North American Natural Resources ETF	517	0.350%	2015

參考來源：Morningstar 2024.01／作者整理

　　接下來還有個別領域的 ETF 可以選擇：金屬、農業、林業和水資源。首先，金屬在投資領域主要分為兩類，貴金屬和工業金屬。表 7-2-6 的 XME 和 PICK 為綜合金屬類股 ETF 代表，包含貴金屬和工業金屬，只是目前貴金屬在兩檔的占比較低，隨著市場發展會持續變化。這不代表貴金屬在投資界規模較小，相反的，貴金屬是投資的大宗，市場有更多的 ETF 可以選擇。XME 主要追蹤美國公司，而 PICK 追蹤的是全球公司，美國公司目前只占兩成左右，其他還有澳洲、英國、加拿大、巴西、瑞士和日本等地區金屬和礦業公司。

表 7-2-6 綜合金屬類股 ETF

ETF 代號	ETF 名稱	規模 (百萬美元)	費用率	成立 年份
XME	SPDR 標普金屬與礦產業 SPDR S&P Metals and Mining ETF	2,000	0.350%	2006
PICK	iShares MSCI 全球金屬與礦產生產商 iShares MSCI Global Metals & Mining Producers ETF	1,300	0.390%	2012

參考來源：Morningstar 2024.01 ／作者整理

　　市場主要交易的貴金屬有四種，黃金、白銀、鉑金、鈀金。貴金屬在化學性質中屬於相對穩定的金屬，在投資中最有代表性的就數黃金，具有保值和避險的特性。世界許多國家的中央銀行都有一定的黃金儲備量，因為當國際貨幣不穩定時，黃金可以作為一種緩衝。即使美國享有稱霸世界的美元，它在黃金儲備量上目前也是世界第一。

　　黃金是可儲存和交易的限量實體資產，有費工的開採過程，與政府可隨時大量印製的貨幣鈔票不同，在穩定國家經濟和保值方面的優勢超越現金。經濟的歷史上發生過許多次的惡性通膨災難，歷史雖然不會重演，但都很相似，因此許多人還是有警覺性會儲存一些黃金。現代生活中我們已不將黃金當作貨幣使用，但它在民間的價值儲存和避險功能依舊存在，在市場上的流通性很高。從始至今黃金不僅有世界共同認可的重要地位，也是交易活躍的原物料商品。

　　黃金的用途以珠寶為大宗，大約占一半左右的需求量，再來是政府機構和民間的投資及儲備需求，還有少部分的科技、醫療及工業需求。黃金在投資方面的缺點是不孳息，所以容易受利率變化的影響。

當利率上升時，黃金的投資吸引力就會變弱，導致價格下跌。反之，當利率下降時，通常會使貨幣貶值，黃金變得相對有吸引力，容易使價格上漲。主要影響黃金漲跌的因素除了利率，還有市場供需和國際情勢。除了黃金以外的其他三種貴金屬，白銀、鉑金、鈀金的工業用途占比更高，因此價格受景氣的影響比黃金更為敏感。

表 7-2-7 綜合貴金屬 ETF

ETF 代號	ETF 名稱	規模（百萬美元）	費用率	成立年份
GLTR	Aberdeen 實體貴金屬 Aberdeen Physical Precious Metals Basket Shares ETF	938	0.600%	2010
DBP	Invesco 德銀貴金屬 Invesco DB Precious Metals	147	0.750%	2007

參考來源：Morningstar 2024.01 ／作者整理

黃金相關的 ETF 主要有三種，持有實體黃金、追蹤黃金期貨指數或是投資一籃子相關礦業公司的 ETF。其中持有實體黃金和追蹤黃金價格指數的 ETF 表現較為接近，而金礦業公司的起伏波動較大。開採黃金的固定成本高昂，挖掘天然資源不像製造業的生產線可以計畫一年生產多少就有多少，每個礦區預估的黃金儲存量和實際開採量會有落差，這每一分多出或減少的產出都會影響公司的獲利。

當黃金價格上漲，金礦公司獲利就會大幅提升；當黃金價格下跌，固定的開採成本也無法減免，會直接衝擊獲利導致股價大幅下跌。減碳趨勢來臨，礦業要申請新地區的開發也越來越不容易，因此在黃金獲利大好時期併購其他同業也是產業趨勢之一。

因黃金不孳息，所以直接與黃金掛鉤的 ETF 沒有配息，但金礦業 ETF 大多都有配息，而且部分個股的配息還不錯，像是世界名列前茅的金礦開採公司有巴里克黃金公司（Barrick Gold Corp）和紐蒙特公司（Newmont Corp）。由過去配息紀錄來看，目前這兩間的平均殖利率比金礦業 ETF 高，因為 ETF 的殖利率會被一籃子公司的平均殖利率稀釋，加上 ETF 還有費用率的成本。

表 7-2-8 黃金商品 ETF

ETF 代號	ETF 名稱	規模（百萬美元）	費用率	成立年份
GLD	SPDR 黃金 SPDR Gold Shares	58,400	0.400%	2004
IAU	iShares 黃金信託 iShares Gold Trust	26,500	0.250%	2005
UGL	ProShares 二倍做多黃金 ProShares Ultra Gold	186	0.950%	2008
GLL	ProShares 二倍放空黃金 ProShares UltraShort Gold	12	1.280%	2008

參考來源：Morningstar 2024.01 ／作者整理

表 7-2-9 黃金礦業 ETF

ETF 代號	ETF 名稱	規模（百萬美元）	費用率	成立年份
GDX	VanEck 黃金礦業 VanEck Gold Miners ETF	12,500	0.510%	2006
RING	iShares MSCI 全球黃金礦業 iShares MSCI Global Gold Miners ETF	421	0.390%	2012
GDXJ	VanEck 小型黃金礦業 VanEck Junior Gold Miners ETF	4,300	0.520%	2009

ETF 代號	ETF 名稱	規模 （百萬美元）	費用率	成立 年份
NUGT	Direxion 每日二倍做多黃金礦業指數 Direxion Daily Gold Miners Bull 2X ETF	478	1.190%	2010
JNUG	Direxion 每日二倍做多小型金礦業指數 Direxion Daily Junior Gold Miners Index Bull 2X ETF	244	1.150%	2013
DUST	Direxion 每日二倍放空黃金礦業指數 Direxion Daily Gold Miners Bear 2X ETF	100	1.070%	2010
JDST	Direxion 每日二倍放空小型金礦業指數 Direxion Daily Junior Gold Miners Bear 2X ETF	111	1.020%	2013

參考來源：Morningstar 2024.01 ／作者整理

　　另一個受投資界矚目的貴金屬是白銀，特性和黃金相似，它在過去也曾作為貨幣使用。除了能夠作為首飾和工藝品，白銀在工業方面的用途比黃金更廣泛，也是投資界看好需求成長的原因之一。白銀具備優異的導電及導熱性質，使它在電子產品和醫療器材等領域都有不可或缺的一席之地。我們現代日常使用的科技產品，包含手機、電腦和汽車等也有白銀的蹤跡。投資界在近年也看好白銀在綠能產業的運用，例如電動車和太陽能產品都能帶動白銀的需求成長。

表 7-2-10 白銀商品 ETF

ETF 代號	ETF 名稱	規模 （百萬美元）	費用率	成立 年份
SLV	iShares 白銀信託 iShares Silver Trust	10,500	0.500%	2006
SIVR	Aberdeen 實體白銀 Aberdeen Physical Silver Shares ETF	1,000	0.300%	2009

ETF 代號	ETF 名稱	規模 (百萬美元)	費用率	成立 年份
AGQ	ProShares 二倍做多白銀 ProShares Ultra Silver	360	0.950%	2008
ZSL	ProShares 二倍放空白銀 ProShares UltraShort Silver	70	1.350%	2008

參考來源：Morningstar 2024.01 ／作者整理

表 7-2-11 白銀礦業 ETF

ETF 代號	ETF 名稱	規模 (百萬美元)	費用率	成立 年份
SIL	Global X 銀礦業 Global X Silver Miners ETF	911	0.650%	2010
SLVP	iShares MSCI 全球白銀與金屬礦業 iShares MSCI Global Silver and Metals Miners ETF	167	0.390%	2012
SILJ	ETFMG 卓越小型銀礦業 ETFMG Prime Junior Silver Miners ETF	671	0.690%	2012

參考來源：Morningstar 2024.01 ／作者整理

　　其他貴金屬成員，鉑金和鈀金也是身兼工業用途的稀有金屬。它們主要的產地為南非和俄羅斯，因此這兩個國家的地緣政治變化也會影響它們的價格。

　　全球有近三成的鈀金供應來自俄羅斯，尤其在 2022 年烏俄戰爭時，市場因擔憂供應鏈中斷，曾使鈀金價格一度飆漲，波動劇烈，因此投資鉑金和鈀金除了考量市場需求，也要評估區域性風險。珍貴稀有的資源經常是國際之間的談判籌碼。

表 7-2-12 其他貴金屬 ETF

ETF 代號	ETF 名稱	規模 （百萬美元）	費用率	成立 年份
PPLT	Aberdeen 實體鉑金 Aberdeen Physical Platinum Shares ETF	985	0.600%	2010
PALL	Aberdeen 實體鈀金 Aberdeen Physical Palladium Shares ETF	207	0.600%	2010

參考來源：Morningstar 2024.01 ／作者整理

　　所謂的基本金屬通常指的是工業金屬，包含銅、鐵礦砂、鋁、錫、鎳、鉛、鋅、鎂等等，尤其銅、鐵礦砂是基礎建設、建築、汽車、工業機械和電子產品必要的金屬材料。工業金屬的價格與全球的經濟發展息息相關，當景氣好時需求量就會上升，使價格上漲，反之亦然。中國因基礎建設需求量大，是現階段重要的工業金屬市場之一。中國不但是工業金屬的生產大國，也是消費大國，因此價格也會受到相關經濟和政策發展影響。

表 7-2-13 工業金屬 ETF

ETF 代號	ETF 名稱	規模 （百萬美元）	費用率	成立 年份
DBB	Invesco 德銀基本金屬 Invesco DB Base Metals Fund	119	0.750%	2007
COPX	Global X 銅礦 Global X Copper Miners ETF	1,500	0.650%	2010
CPER	United States 銅價指數 United States Copper Index	131	0.970%	2011
SLX	VanEck 鋼鐵 VanEck Steel ETF	139	0.560%	2006

ETF 代號	ETF 名稱	規模 （百萬美元）	費用率	成立 年份
URA	Global X 鈾價 Global X Uranium ETF	2,400	0.690%	2010
URNM	Sprott 鈾礦 Sprott Uranium Miners ETF	1,700	0.830%	2019
LIT	Global X 鋰電池技術 Global X Lithium & Battery Tech ETF	2,100	0.750%	2010
BATT	Amplify 鋰電池科技 Amplify Lithium & Battery Technology ETF	108	0.590%	2018
REMX	VanEck 稀土元素 / 戰略金屬 VanEck Rare Earth/Strategic Metals ETF	405	0.540%	2010

參考來源：Morningstar 2024.01 ／作者整理

　　根據聯合國（United Nations）預估，世界將在未來的三十年增加近二十億人口，人數從目前的八十億增至近百億。雖然許多國家的生育率放緩，但現代人出生的存活率增加、壽命延長，加上還有部分地區的生育率依舊很高（主要集中在貧窮國家）等因素讓世界的整體人數持續攀升中。這也代表糧食的需求還在成長。如何利用有限的土地和資源創造出更多的食物將是農業的一大挑戰。

　　受投資青睞的農業領域包含農業機械、農業化學和育種公司。農業化學也就是農藥、化肥相關的生產公司，這方面的研發突破會對農作物的「產收」成果有直接影響，包含減少蟲害、加速農作物的生長期、提升土地產能等都能使農作物產量增加。肥料是可以提升作物產量的營養元素，有天然也有化學合成的肥料，如果沒有肥料，就會需要用更大面積的農地種植才能有相同的產量。

　　此外，近年農地的投資也相當具話題性，像比爾‧蓋茲這幾年積極收購農地，目前是美國私人農地的最大持有者。美國主要經營農地房地產的投資信託公司有 Farmland Partners Inc（個股代號：FPI）和 Gladstone Land Corp（個股代號：LAND）也受到許多投資人的關注，但這兩間公司也有潛藏的風險，投資前還是要審慎評估。

　　在表 7-2-14 的農業相關 ETF 中，「Invesco 德銀農業 ETF」主要追蹤的是農產品期貨指數，而「VanEck 農業企業 ETF」、「iShares MSCI 全球農業生產商 ETF」和「First Trust Indxx 全球農業 ETF」主要追蹤的是農業相關的產業鏈公司，不僅包含農產品本身的銷售，也有農產品加工、機械設備和銷售通路等公司。Teucrium 在農業方面的 ETF 則以追蹤農產品的期貨為主。

表 7-2-14 農業相關 ETF

ETF 代號	ETF 名稱	規模 （百萬美元）	費用率	成立 年份
DBA	Invesco 德銀農業 Invesco DB Agriculture	702	0.850%	2007
MOO	VanEck 農業企業 VanEck Agribusiness ETF	913	0.530%	2007
VEGI	iShares MSCI 全球農業生產商 iShares MSCI Global Agriculture Producers ETF	165	0.390%	2012
FTAG	First Trust Indxx 全球農業 First Trust Indxx Global Agriculture ETF	12	0.700%	2010
TAGS	Teucrium 農業 Teucrium Agricultural Fund	18	0.130%	2012

ETF 代號	ETF 名稱	規模（百萬美元）	費用率	成立年份
WEAT	Teucrium 小麥 Teucrium Wheat Fund	177	1.000%	2011
CORN	Teucrium 玉米 Teucrium Corn Fund	80	1.760%	2010
SOYB	Teucrium 大豆 Teucrium Soybean Fund	29	1.570%	2011
CANE	Teucrium 糖類 Teucrium Sugar Fund	18	0.580%	2011

參考來源：Morningstar 2024.01 ／作者整理

表 7-2-15 農業相關 ETF 重點成分股

公司名稱（個股代號）＼ETF	MOO	VEGI	FTAG
Deere & Co（DE）	●	●	●
Nutrien Ltd（NTR）	●	●	●
Corteva Inc（CTVA）	●	●	●
Kubota Corp（KUBTF）	●	●	●
CNH Industrial N.V.（CNHI）	●	●	●
Bayer AG ADR（BAYRY）	●		●
Archer-Daniels Midland Co（ADM）	●	●	

參考來源：Morningstar 2024.01 ／作者整理，取占比前十名內主要共同成分股

表 7-2-16 農業相關 ETF 重點成分股公司簡介

公司名稱（個股代號）	公司市值（百萬美元）	簡介
Deere & Co（DE）	110,240	全球農業機械的龍頭指標公司，在工業也有舉足輕重的角色，此外也提供建築業和林業相關機械設備。

公司名稱 （個股代號）	公司市值 （百萬美元）	簡介
Nutrien Ltd （NTR）	28,100	全球產能最大的化肥公司，主要生產和銷售鉀肥、氮肥、磷肥等肥料，在美洲和澳洲等地區共有近兩千個農業零售據點。
Corteva Inc （CTVA）	33,880	農業種子研發和相關化學保護品（農藥）開發的領導公司，也提供農業科技服務，協助農地提升到最佳產量，業務橫跨美洲、亞洲和歐洲等地區。
Kubota Corp （KUBTF）	17,450	久保田株式會社，成立超過百年的日本知名農業機械設備公司。製造和銷售中小型農業、建築以及水處理設備。
CNH Industrial N.V.（CNHI）	15,390	全球重機械設備製造商，以農業和建築機械工具為主，旗下有不同的機具品牌，涵蓋從輕型到重型機械等各式設備。
Bayer AG ADR （BAYRY）	36,900	全球知名的醫療保健和農業化工集團，除了藥品、維他命等醫療保健產品以外，也經營農業生技，提供優化種子品質和農作物保護方案。
Archer-Daniels Midland Co （ADM）	39,010	全球四大農產品生產和加工公司之一，不僅在食品市場有相當分量，在畜牧的飼料市場上也有一席之地。

參考來源：Morningstar 2024.01／作者整理

　　林業與我們的生活緊密相連，相關商品從衛生紙、家具到建築材料等無處不在，近年來隨著消費者購物習慣改變，網路購物大幅提升了宅配紙箱的需求，還有「以紙代塑」的環保趨勢，台灣近期也推出「限塑令」政策，在禁用塑膠杯以後環保的紙杯需求量也明顯增加。在市場需求提升的同時，我們也要避免森林資源的過度開發，尤其我們仰賴它獲得自然和諧的生存環境，包含提供良好的空氣、水土保持和氣候循環等。

　　為了減緩氣候暖化，在全球減碳的目標下形成了「碳權經濟」，

簡單來說排碳量高的企業需要購買排碳超出規定的碳排放權利，其中一種方式就是透過再造森林的減碳專案獲得碳權，國內外都有許多案例。例如蘋果公司在 2021 年與合作企業共同推出「再生基金」（Restore Fund），透過復育森林、濕地和草原來實踐減碳的計畫。未來的政策和需求成長趨勢讓林業在投資領域也開始受到關注。林業和紙業是相對成熟、競爭和具經濟週期性的產業，產業會受到房屋建築（建築木材）和消費規模（包裝材料）等市場需求影響。

表 7-2-17 林業相關 ETF

ETF 代號	ETF 名稱	規模 （百萬美元）	費用率	成立 年份
WOOD	iShares 全球木材及林業 iShares Global Timber & Forestry ETF	214	0.420%	2008
CUT	Invesco MSCI 全球木材 Invesco MSCI Global Timber ETF	55	0.610%	2007

參考來源：Morningstar 2024.01 ／作者整理

WOOD 和 CUT 前十名成分股中有兩間共同的公司，分別是惠好公司（Weyerhaeuser Co，個股代號：WY）和國際紙業有限公司（International Paper Co，個股代號：IP），都是美國的百年大型林業公司。惠好公司是目前世上最大的私人林地擁有者和木產品的製造商之一，透過造林生產建築木材、木製品、紙漿和紙張等，也從事林地的租賃和房地產的建設開發。國際紙業有限公司的林產品也相當多元，以生產紙張和工業包裝材料為大宗，產品銷售遍及美洲、歐洲、非洲及亞洲地區。

除了農業和林業，還有一個很重要的行業就是水資源。在我們生活中視為理所當然、唾手可得的水資源也開始改變了。因為人類對環境的破壞造成了全球氣候異常，現今暴雨和乾旱的現象在世界各地頻頻發生，導致缺水在近年成為常態的問題。工業發展造成的水汙染和過度開墾引起的水土流失也讓生命的必需品「水」變得越來越珍貴，如今水利資源的發展越來越重要。

水的影響層面既深又廣，不管是一般的生活用水或是經濟發展所需的企業用水，都迫切需要更強韌的水資源系統，受到投資市場的關注。這兩年市場陸續還有新的水資源 ETF 推出，雖然剛起步的規模較小，但券商也以較低費用率來吸引投資人。

表 7-2-18 水資源相關 ETF

ETF 代號	ETF 名稱	規模 （百萬美元）	費用率	成立 年份
PHO	Invesco 水資源 Invesco Water Resources ETF	1,900	0.600%	2005
FIW	First Trust 水資源 First Trust Water ETF	1,500	0.530%	2007
CGW	Invesco 標普全球水資源指數 Invesco S&P Global Water ETF	925	0.570%	2007
PIO	Invesco 全球水資源 Invesco Global Water ETF	272	0.750%	2007
AQWA	Global X 淨水 Global X Clean Water ETF	10	0.500%	2021
IWTR	iShares MSCI 水資源管理跨產業 iShares MSCI Water Management Multisector ETF	6	0.470%	2022

參考來源：Morningstar 2024.01／作者整理

表 7-2-19 水資源相關 ETF 重點成分股

公司名稱（個股代號）\ ETF	PHO	FIW	CGW	PIO	AQWA	IWTR
Ecolab Inc（ECL）	●	●	●	●	●	●
Xylem Inc（XYL）	●	●	●		●	●
American Water Works Co Inc（AWK）		●	●		●	
Ferguson PLC（FERG）	●			●	●	
Pentair PLC（PNR）	●		●	●		
Roper Technologies Inc（ROP）	●	●		●		
Geberit AG（GBERF）			●			●
Waters Corp（WAT）	●	●				
Danaher（DHR）	●			●		

參考來源：Morningstar 2024.01／作者整理，取占比前十名內主要共同成分股

表 7-2-20 水資源相關 ETF 重點成分股公司簡介

公司名稱（個股代號）	公司市值（百萬美元）	簡介
Ecolab Inc（ECL）	55,920	藝康集團是全球知名的清潔、消毒和除蟲處理公司，服務市場涵蓋餐廳、飯店、工廠和醫療機構等不同行業。在水資源檢測處理、衛生和能源方面也提供領先的技術和服務。
Xylem Inc（XYL）	26,890	美國大型的水處理和水基礎設施供應商，包含水的運輸、處理、測試以及高效運用。除了美國本土市場，業務也遍及歐洲和亞太地區。
American Water Works Co Inc（AWK）	26,000	美國最大的供水和汙水處理公司，為美國十州以上的住宅、商業和工業客戶提供相關服務，是市場不可或缺的公用事業。
Ferguson PLC（FERG）	37,420	以基礎設施管道和暖氣空調產品為主，為超過100 萬客戶服務，目前專注於北美市場。

公司名稱 （個股代號）	公司市值 （百萬美元）	簡介
Pentair PLC （PNR）	11,290	全球大型的水處理和問題解決方案公司，包含住宅、餐廳營運的水管理和過濾、商用游泳池的水處理設備、農業灌溉水系統設施等。
Roper Technolo-gies Inc（ROP）	56,720	多元化的科技公司，研發許多應用軟體和技術，可用於通訊科技、醫療檢測、工業設備控制等。在水資源部分有測量洩漏及流量等相關設備系統
Geberit AG （GBERF）	20,960	衛浴商品的國際領先廠商，產品包含沖水系統、排水系統和浴室陶瓷等，擁有 25 座以上的生產工廠，大多位於歐洲，產品銷售超過 50 個國家。
Waters Corp （WAT）	18,090	國際領先的分析儀器供應商，銷售液相層析、質譜和熱分析等工具。主要用於製藥業、工業和學術政府機構，其中也包含水質檢測。
Danaher Corp （DHR）	170,550	丹納赫集團是國際領先的醫療及工業儀器製造商，專注於生命科學與診斷，也是重要的水質檢測廠商之一。集團在 2023 年宣布將環境和應用解決事業分拆出來為 Veralto Corp，其上市代號為 VLTO 。

參考來源：Morningstar 2024.01 ／作者整理

7-3

工業：運輸、建築營造、航太、軍工

　　工業涵蓋運輸、建築、重機械、航太、國防等相關產品及服務，是經濟發展重要的動力火車。一般消費者不會買飛機、生產線設備和挖土機等重機械，所以工業主力採購客群是商業公司和政府，包含國防軍工、基礎建設、建築工程等，這些活動因涉及的金額龐大所以在整體工業占有重要的分量，也是投資的重點標的。製造業的自動化升級、市場對產品的需求增長和新興國家的基礎建設開發等都有助於工業的發展及獲利表現。工業對經濟景氣敏感，當景氣好時表現可能會優於大盤市場，但當經濟衰退時，工業也時常受到大幅度的影響。

　　工業 ETF 的重要成分股包含知名的聯合太平洋公司（Union Pacific Corp）、聯合包裹公司（UPS）、奇異（GE）、波音（Boeing）、漢威聯合（Honeywell）、雷神技術（Raytheon Technologies）等。一般消費者對工業領域較熟識的品牌可能會以鐵路及航空公司、包裹快遞公司和日用品製造公司居多。

圖 7-3-1 近十年 S&P 500 工業類股走勢圖

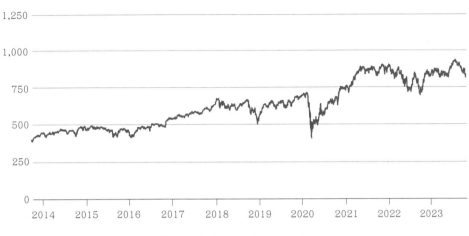

資料來源：S&P Global 2023 .10

表 7-3-1 工業相關 ETF

ETF 代號	ETF 名稱	規模 （百萬美元）	費用率	成立 年份
XLI	SPDR 工業 Industrial Select Sector SPDR ETF	15,200	0.100%	1998
VIS	Vanguard 工業 Vanguard Industrials ETF	4,400	0.100%	2004
EXI	iShares 全球工業 iShares Global Industrials ETF	576	0.420%	2006
IYT	iShares 美國運輸業 iShares Transportation Average ETF	713	0.400%	2003
PKB	Invesco Dynamic 建築營造業 Invesco Dynamic Building & Construction ETF	247	0.620%	2005
UXI	ProShares 二倍做多工業 ProShares Ultra Industrials	22	0.950%	2007
DUSL	Direxion 每日三倍做多工業 Direxion Daily Industrials Bull 3X	29	1.000%	2017

ETF 代號	ETF 名稱	規模 (百萬美元)	費用率	成立 年份
SIJ	ProShares 二倍放空工業 ProShares UltraShort Industrials	2	0.950%	2007

參考來源：Morningstar 2024.01 ／作者整理

表 7-3-2 工業相關 ETF 重點成分股

公司名稱（個股代號）＼ ETF	XLI	VIS	EXI
Union Pacific Corp（UNP）	●	●	●
United Parcel Service Inc（UPS）	●	●	●
Boeing Co（BA）	●	●	●
General Electric Co（GE）	●	●	●
Honeywell International Inc（HON）	●	●	●
Raytheon Technologies Corp（RTX）	●	●	●
Caterpillar Inc（CAT）	●	●	●
Uber Technologies Inc（UBER）	●	●	●
Deere & Co（DE）	●	●	
Lockheed Martin Corp（LMT）	●	●	

參考來源：Morningstar 2024.01 ／作者整理，取占比前十名內主要共同成分股

表 7-3-3 工業相關 ETF 重點成分股公司簡介

公司名稱 （個股代號）	公司市值 （百萬美元）	簡介
Union Pacific Corp （UNP）	147,340	聯合太平洋是北美最大的公共鐵路公司，運輸的產品相當多元，包含石油、煤炭、汽車、農產品、化學品、木材和金屬等等各式各樣原物料和商品，鐵路也涵蓋內陸以及不同的海岸港口。
United Parcel Service Inc（UPS）	134,210	全球最大的包裹快遞公司，具有整合國際海運、空運和陸運的能力，也提供倉儲和物流管理服務。

公司名稱 （個股代號）	公司市值 （百萬美元）	簡介
Boeing Co（BA）	147,560	波音公司是全球最大的民用和軍用飛機製造商之一，也是國防相關設備開發的重要廠商。另外在航太部分也屬於指標公司。
General Electric Co（GE）	135,030	奇異公司是知名的跨國工業公司，以優異的工業技術及設備聞名，在電子工業、運輸工業、再生能源設備及醫療設備等方面都有經營和發展。
Honeywell International Inc（HON）	134,840	工業技術先進的跨國公司，除了我們在生活電子產品中可以看到它的品牌蹤跡，它在安全監控技術和航空航太系統開發方面都有卓越的表現。
Raytheon Technologies Corp（RTX）	123,100	多元化的航空航太和國防工業公司，生產軍機、導彈、通訊技術還有航空相關機械零件等工業設備。
Caterpillar Inc（CAT）	144,730	全球最大的重型機械設備製造公司，以建築營造、資源開發、能源開採和運輸方面等設備為主。
Uber Technologies Inc（UBER）	119,870	技術供應商，透過公司所開發的應用程式提供叫車、共乘及膳食外送等服務，目前業務涵蓋超過 63 個國家。
Deere & Co（DE）	110,240	全球農業機械的龍頭公司，在工業也有舉足輕重的角色，此外也提供建築業和林業相關機械設備。
Lockheed Martin Corp（LMT）	113,910	全球最大的國防承包商，以航空航太領域為主，製造多種先進的戰鬥機、直升機、導彈、導彈防禦系統和衛星通訊系統等等。

參考來源：Morningstar 2024.01 ／作者整理

　　近年的烏俄戰爭驚動了世界，讓全球升起戒備，許多國家投注更多的資源在國防的部署，也使專門研發和製造飛機、飛彈、防空系統等先進軍工設備的公司訂單絡繹不絕，成為了工業 ETF 名列前茅的重要持股之一。航太技術的領先不只關乎國家安全，也是網路時代國家產業升級的關鍵，像是以後衛星通訊可能會取代基地台。

表 7-3-4 航太與國防類股 ETF

ETF 代號	ETF 名稱	規模 (百萬美元)	費用率	成立 年份
ITA	iShares 美國航太與國防類股 iShares US Aerospace & Defense ETF	5,900	0.400%	2006
PPA	Invesco 航太與國防類股 Invesco Aerospace & Defense ETF	2,600	0.580%	2005
XAR	SPDR 標普航太與國防類股 SPDR S&P Aerospace & Defense ETF	1,900	0.350%	2011
DFEN	Direxion 每日三倍做多航太與國防類股 Direxion Daily Aerospace & Defense Bull 3X	167	0.970%	2017

參考來源：Morningstar 2024.01 ／作者整理

7-4

必需消費品：食品飲料、藥品零售、生活用品

　　必需消費品是指我們日常需要重複購買的生活消耗品，包含食品、飲品（含酒精類飲品）、菸草和家庭及個人用品等。這類型服務民生所需的銷售比較不受景氣影響，所以相關企業的股票也稱作防禦型類股，通常波動幅度較小，即便在不景氣市場中也比較抗跌。在我們日常生活中知名的可口可樂（Coca-Cola）、寶僑（Procter & Gamble）、好市多（Costco）、高露潔－棕欖（Colgate-Palmolive）和雅詩蘭黛（Estée Lauder）等美國大型企業都是必需消費品類股 ETF 的成分股，配息也相對穩定。

　　消費者的「需求」是這個產業發展的關鍵，當需求出現根本性的改變，像是人口數量、薪資結構和生活習慣等發生變化時，就會衝擊必需消費品的銷售市場進而影響獲利，企業必須不斷突破和轉型才能繼續成長。

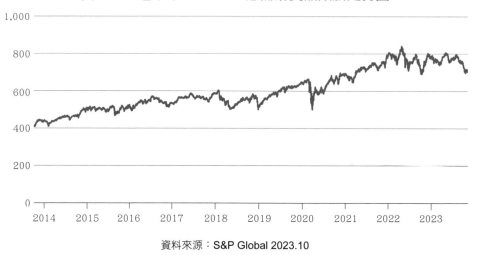

圖 7-4-1 近十年 S&P 500 必需消費品類股走勢圖

資料來源：S&P Global 2023.10

表 7-4-1 必需消費品類股 ETF

ETF代號	ETF 名稱	規模(百萬美元)	費用率	成立年份
XLP	SPDR 必需消費品類股 Consumer Staples Select Sector SPDR ETF	15,400	0.100%	1998
VDC	Vanguard 必需消費品類股 Vanguard Consumer Staples ETF	6,500	0.100%	2004
FSTA	Fidelity MSCI 必需消費品指數 Fidelity MSCI Consumer Staples ETF	1,100	0.084%	2013
IYK	iShares 美國必需消費品類股 iShares US Consumer Staples ETF	1,300	0.400%	2000
KXI	iShares 全球必需消費品類股 iShares Global Consumer Staples ETF	877	0.410%	2006
FTXG	First Trust 納斯達克食品和飲品 First Trust Nasdaq Food & Beverage ETF	77	0.600%	2016
PBJ	Invesco Dynamic 食品和飲品 Invesco Dynamic Food & Beverage ETF	141	0.570%	2005

ETF 代號	ETF 名稱	規模 (百萬美元)	費用率	成立 年份
UGE	ProShares 二倍做多民生消費品 ProShares Ultra Consumer Goods	5	0.950%	2007
SZK	ProShares 二倍放空民生消費品 ProShares UltraShort Consumer Goods	1	0.950%	2007

參考來源：Morningstar 2024.01 ／作者整理

表 7-4-2 必需消費品類股 ETF 重點成分股

公司名稱 (個股代號) ＼ ETF	XLP	VDC	FSTA	IYK	KXI
Procter & Gamble Co（PG）	●	●	●	●	●
Coca-Cola Co（KO）	●	●	●	●	●
PepsiCo Inc（PEP）	●	●	●	●	●
Philip Morris International Inc（PM）	●	●	●	●	●
Mondelez International Inc（MDLZ）	●	●	●	●	●
Costco Wholesale Corp（COST）	●	●	●		●
Walmart Inc（WMT）	●	●	●		●
Altria Group Inc（MO）	●	●	●	●	
Colgate-Palmolive Co（CL）	●	●	●	●	
Target Corp（TGT）	●	●	●		

參考來源：VettaFi ETF Database 2024.01 ／作者整理，取占比前十名內主要共同成分股

表 7-4-3 必需消費品類股 ETF 重點成分股公司簡介

公司名稱 (個股代號)	公司市值 (百萬美元)	簡介
Procter & Gamble Co（PG）	348,440	寶僑是全球最大的日用品生產商之一，也是家用消費品的龍頭。我們生活常見的潘婷、海倫仙度絲、好自在、飛柔、沙宣、歐蕾、百靈牌、歐樂 B、金頂電池和幫寶適等都是寶僑旗下的品牌，產品種類龐大及多元。

公司名稱 （個股代號）	公司市值 （百萬美元）	簡介
Coca-Cola Co （KO）	259,230	可口可樂公司最有名的當然是它賣遍世界的可口可樂碳酸飲料，但它旗下還有許多相當受歡迎的果汁、運動飲料、瓶裝水、咖啡、茶及奶類飲品等，使可口可樂成為世界的飲料龍頭。
PepsiCo Inc （PEP）	237,780	百事公司也以飲料熱銷世界，但除了多元的飲品外，旗下還有相當受歡迎的樂事洋芋片、多力多滋、奇多及桂格燕麥等休閒食品品牌。它的多角化經營也讓營收超越了只專注在飲料市場的可口可樂。
Philip Morris International Inc（PM）	148,130	菲利普莫里斯國際公司是世界最大的菸草商之一，旗下有相當多的香菸品牌，此外也多元化經營食品、啤酒和金融服務。
Mondelez International Inc（MDLZ）	99,730	億滋國際是 2012 年由卡夫食品（現屬菲利普莫里斯國際公司）分拆出來的休閒食品和飲品公司，像知名的 Oreo（奧利奧）餅乾、Cadbury（吉百利）巧克力和 Trident 口香糖等都是旗下的產品。
Costco Wholesale Corp（COST）	286,070	好市多是聞名全球的大型會員制倉儲式量販店（warehouse club），銷售的商品相當廣泛多元，在世界總共有近一千個賣場。
Walmart Inc （WMT）	428,870	沃爾瑪是全球最大的連鎖零售商，全球經營超過 10,000 家商店。
Altria Group Inc （MO）	73,220	奧馳亞集團公司是國際知名的菸草公司，也經營紅酒事業，原先是菲利普莫里斯國際公司的母公司。
Colgate-Palmolive Co（CL）	65,780	高露潔－棕櫚公司是全球知名的日常用品公司，主要經營口腔及個人／家庭護理產品，還有寵物營養食品，產品銷售達兩百多個國家。
Target Corp （TGT）	64,020	目標百貨是知名的大型折扣零售商，在美國經營約 1,900 家商店。

參考來源：Morningstar 2024.01 ／作者整理

7-5

非必需消費品：汽車業、零售業、休閒娛樂

　　如果必需消費品是「需要」，那非必需消費品就像是「想要」，沒有可能不太方便但不會活不下去，所以這類也稱作選擇性消費／非核心消費／週期性消費，例如汽車、家電、家具、裝潢建材、服飾、奢侈品、餐廳、娛樂活動、休閒旅遊等。在非必需消費品類的 ETF 中所涵蓋的成分股包含亞馬遜、特斯拉、耐吉、星巴克、麥當勞和惠而浦等知名企業，尤其目前亞馬遜是全球最大的線上零售商，市值近一兆元，因此在這類別的 ETF 成分股中很常會見到它的身影。

　　非必需消費品通常對景氣比較敏感，當經濟不好時大家會優先減少或刪除這類的開支。相反的，當景氣好時，大家會比較願意增加這類的消費金額。整體來說，非必需消費品在經濟週期的漲跌幅度通常會比必需消費品來得更明顯。換句話說，經濟脈動會是這類別產業不錯的投資參考，透過經濟數據觀察景氣，評估是否為非必需消費類股的合適進場時機，例如參考第 3 章介紹的國內生產總值、消費者信心

指數、利率、非農就業人口和失業率等經濟指標。當國內生產總值、消費者信心指數和非農就業人口下滑時，代表經濟疲軟，而利率和失業率的上升也會降低一般民眾的消費金額。

圖 7-5-1 近十年 S&P 500 非必需消費品類股走勢圖

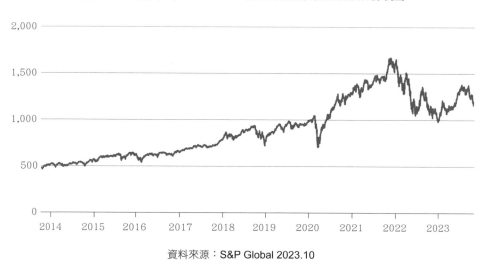

資料來源：S&P Global 2023.10

表 7-5-1 非必需消費品類股 ETF

ETF 代號	ETF 名稱	規模 （百萬美元）	費用率	成立 年份
XLY	SPDR 非必需消費品類股 Consumer Discretionary Select Sector SPDR Fund	19,400	0.100%	1998
VCR	Vanguard 非必需消費品類股 Vanguard Consumer Discretionary ETF	5,200	0.100%	2004
FDIS	Fidelity MSCI 非必需消費品指數 Fidelity MSCI Consumer Discretionary Index ETF	1,300	0.084%	2013

ETF 代號	ETF 名稱	規模 （百萬美元）	費用率	成立 年份
RXI	iShares 全球非必需消費品 iShares Global Consumer Discretionary ETF	361	0.410%	2006
ITB	iShares 美國房屋營建業 iShares U.S. Home Construction ETF	2,400	0.400%	2006
XHB	SPDR 標普房屋建商 XHB SPDR S&P Homebuilders ETF	1,700	0.350%	2006
XRT	SPDR 標普零售業 SPDR S&P Retail ETF	422	0.350%	2006
RTH	VanEck 零售業 VanEck Retail ETF	161	0.350%	2011
PEJ	Invesco Dynamic 休閒娛樂業 Invesco Dynamic Leisure and Entertainment ETF	306	0.580%	2006
UCC	ProShares 二倍做多消費服務類股 ProShares Ultra Consumer Services	17	0.950%	2007
RETL	Direxion 每日三倍做多零售業 Direxion Daily Retail Bull 3X Shares	57	1.010%	2010
SCC	ProShares 二倍放空消費服務類股 ProShares UltraShort Consumer Services	2	0.950%	2007

參考來源：Morningstar 2024.01 ／作者整理

表 7-5-2 非必需消費品類股 ETF 重點成分股

公司名稱（個股代號）＼ETF	XLY	VCR	FDIS	RXI
Amazon.com Inc（AMZN）	●	●	●	●
Tesla Inc（TSLA）	●	●	●	●
The Home Depot Inc（HD）	●	●	●	●
Nike Inc（NKE）	●	●	●	●
McDonald's Corp（MCD）	●	●	●	●
Lowe's Companies Inc（LOW）	●	●	●	●

公司名稱（個股代號）＼ETF	XLY	VCR	FDIS	RXI
Booking Holdings Inc（BKNG）	●	●	●	●
Starbucks Corp（SBUX）	●	●	●	
TJX Companies Inc（TJX）	●	●	●	

參考來源：Morningstar 2024.01 ／作者整理，取占比前十名內主要共同成分股

表 7-5-3 非必需消費品類股 ETF 重點成分股公司簡介

公司名稱 （個股代號）	公司市值 （百萬美元）	簡介
Amazon.com Inc （AMZN）	1,530,000	亞馬遜是全球最大的網路零售商之一，其零售占總營收約 80%，其他則米自雲端數據、倉儲和廣告服務等項目。
Tesla Inc（TSLA）	758,010	特斯拉是全球知名的電動車領導品牌，也銷售太陽能板、太陽能屋頂和住宅及商用的固定儲蓄電池。
The Home Depot Inc（HD）	336,660	家得寶是全球最大的家居裝修零售商，在美國、加拿大和墨西哥有超過 2,000 間倉儲式零售店。
Nike Inc（NKE）	158,340	耐吉是世界最大的運動鞋和服裝品牌，成立 50 年以上，銷售多達 40 個國家以上。
McDonald's Corp （MCD）	213,530	麥當勞是全球最大的連鎖速食品牌之一，成立超過 80 年，全球有多達 40,000 間商店。
Lowe's Companies Inc（LOW）	122,080	勞氏公司是全球第二大家居裝修零售商，以 DIY 客戶為主，成立超過 70 年，在美國有約一千七百多間商店。
Booking Holdings Inc（BKNG）	118,950	全球知名的線上旅遊服務公司，提供住宿、機票、租車和餐廳等預定服務。
Starbucks Corp （SBUX）	105,970	星巴克是全球最大的精品咖啡連鎖店，在八十多個國家經營近 36,000 家門市。
TJX Companies Inc （TJX）	104,510	美國服飾及時尚家居用品的折扣零售商，目標是靈活運用網路和簡約的商店，策略是降低銷售價格，但提高利潤和庫存周轉率。

參考來源：Morningstar 2024.01 ／作者整理

7-6

醫療保健：健康照護、製藥、醫療設備、生物科技

隨著全球人口老化、流行病毒頻發和氣候變遷的影響，市場對醫療保健的需求提升，目前產業的投資規模排名第二，僅次於科技業。醫療保健產業涵蓋製藥、醫療設備器材、生物科技、醫療服務機構到健康保險等領域。近年有不少醫療保健公司的收益表現亮眼，也讓許多投資者看好產業未來還有成長的空間。

醫療保健偏向防禦型投資，無論經濟好壞都不太會影響市場對醫療的需求，但產業也蘊藏著政治因素風險，包含審核、監管和補助都會影響公司的利潤和前景發展。醫療保健產業的投資成本高，回收期也長，中間還有市場需求和競爭等變數，最後產品和技術是否能夠成功領先突破也無法保證，需要持續追蹤發展。產品即使開發成功上市也未必能保證一帆風順，萬一發生醫療糾紛問題，就會牽涉到回收下架、巨額訴訟及賠償。這時一旦現金流不足就會威脅到公司的生存。雖然醫療保健業有投資報酬的潛力，但也伴隨著許多風險。

對看好醫療保健卻不太熟悉相關領域的人來說，比起投資個股，選擇醫療保健類股的 ETF 比較能分散風險。以投資方向來說，可以考慮大型的製藥公司、具競爭優勢的醫療設備器材公司和醫療保險公司，因為這些市場的需求比較穩定。生物科技公司的發展潛力無窮但風險也高，股價的波動幅度較大。這些在後續都有相關概念的 ETF 可以選擇。如果遇到的是綜合型醫療保健 ETF 時，也可以透過觀察主要成分股的類型和占比分布來評估整體的風險。

圖 7-6-1 近十年 S&P 500 醫療保健類股走勢圖

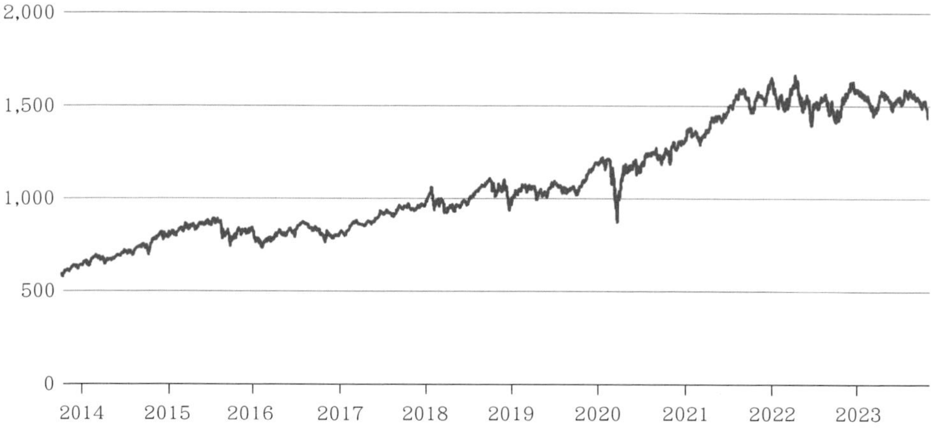

資料來源：S&P Global 2023.10

表 7-6-1 醫療保健類股 ETF

ETF 代號	ETF 名稱	規模（百萬美元）	費用率	成立年份
XLV	SPDR 健康照護類股 Health Care Select Sector SPDR ETF	38,300	0.100%	1998
VHT	Vanguard 健康照護類股 Vanguard Health Care ETF	16,900	0.100%	2004

ETF 代號	ETF 名稱	規模 (百萬美元)	費用率	成立 年份
IXJ	iShares 全球健康照護 iShares Global Healthcare ETF	4,100	0.420%	2001
FHLC	Fidelity MSCI 健康照護指數 Fidelity MSCI Health Care ETF	3,100	0.084%	2013
IYH	iShares 美國健康照護 iShares U.S. Healthcare ETF	3,200	0.400%	2000
RXL	ProShares 二倍做多健康照護 ProShares Ultra Health Care	85	0.950%	2007
CURE	Direxion 每日三倍做多健康照護 Direxion Daily Healthcare Bull 3X ETF	192	0.990%	2011
RXD	ProShares 二倍放空健康照護 ProShares UltraShort Health Care	1	0.950%	2007

參考來源：Morningstar 2024.01 ／作者整理

表 7-6-2 醫療保健類股 ETF 重點成分股

公司名稱（個股代號）＼ ETF	XLV	VHT	IXJ	FHLC	IYH
Eli Lilly and Co（LLY）	●	●	●	●	●
UnitedHealth Group Inc（UNH）	●	●	●	●	●
Johnson & Johnson（JNJ）	●	●	●	●	●
AbbVie Inc（ABBV）	●	●	●	●	●
Merck & Company Inc（MRK）	●	●	●	●	●
Thermo Fisher Scientific Inc（TMO）	●	●	●		●
Pfizer Inc（PFE）	●	●			●
Abbott Laboratories（ABT）	●	●		●	●
Danaher Corp（DHR）	●	●		●	●
Amgen Inc（AMGN）	●	●		●	●

參考來源：Morningstar 2024.01 ／作者整理，取占比前十名內主要共同成分股

順勢投資美股 ETF

表 7-6-3 醫療保健類股 ETF 重點成分股公司簡介

公司名稱 （個股代號）	公司市值 （百萬美元）	簡介
Eli Lilly and Co（LLY）	586,390	禮來公司是成立超過百年，全球知名的製藥集團，研發及生產許多慢性病及癌症治療等相關藥品。
UnitedHealth Group Inc（UNH）	501,340	聯合健康集團是大型的健康保險和衛生資訊管理公司，為全球約 5,000 萬會員提供醫療福利。
Johnson & Johnson（JNJ）	387,500	嬌生是成立超過百年的大型醫療保健公司，產品相當豐富多元，涵蓋一般的清潔保養用品、醫療器材和製藥等。
AbbVie Inc（ABBV）	283,300	原屬於亞培公司，在 2013 年正式獨立出來的製藥公司，在免疫學和腫瘤學擁有豐富的製藥經驗。近年收購 Allergan，增加了女性健康保健產品。
Merck & Company Inc（MRK）	290,830	默克藥廠是成立超過百年，全球相當有名的製藥集團，研發及生產許多慢性病及癌症治療等相關藥品。
Thermo Fisher Scientific Inc（TMO）	204,320	賽默飛世爾科技是美國生物技術和醫療器材公司，是醫療儀器、設備和軟體的供應商，也生產醫療試劑和耗材等。
Pfizer Inc（PFE）	167,870	輝瑞是全球最大的製藥和生技公司之一，新冠疫情後主要銷售產品為處方藥和疫苗，像知名的新冠疫苗 BNT 就是來自這家廠商。
Abbott Laboratories（ABT）	190,130	亞培是成立超過百年的大型醫療保健公司，產品涵蓋營養品、藥品和醫療器材等。公司有超過一半以上營收來自美國以外地區。
Danaher Corp（DHR）	170,550	丹納赫集團是國際領先的醫療及工業儀器製造商，專注於生命科學與診斷。
Amgen Inc（AMGN）	162,250	安進是知名的生技領導公司之一，在腎臟疾病和癌症護理方面有豐富的生技製藥產品。

參考來源：Morningstar 2024.01 ／作者整理

222

　　綜合醫療保健 ETF 為投資市場的大宗，但相關聚焦型的個別領域 ETF 也很熱門，有針對生物科技、醫療設備與器材和製藥的主題 ETF 可以選擇。有些投資者喜歡在生物科技領域尋找飆股，一旦技術領先就有機會吃下最大市場，如果不是最強的可能都會被淘汰，競爭很激烈。生物科技公司研發成本高昂，股價也容易受到景氣波動的影響。當景氣好時，公司比較容易取得充沛的資金投入研發；但在景氣低迷時，可能會因投資減少發生資金不足的情形，影響研發進度而威脅到公司的發展。

　　生物科技股票容易暴起暴落，雖然投資生物科技類股的 ETF 能夠分散一些風險，但整個籃子的股票屬性相同，整體的波動也會很相似。因此投資者不只要持續關注追蹤，同時也要留意經濟局勢，掌握風險的變化。

表 7-6-4 生物科技類股 ETF

ETF 代號	ETF 名稱	規模（百萬美元）	費用率	成立年份
IBB	iShares 生物科技 iShares Biotechnology ETF	7,500	0.450%	2001
XBI	SPDR 標普生物科技 SPDR S&P Biotech ETF	6,900	0.350%	2006
BBH	VanEck 生物科技 VanEck Biotech ETF	486	0.350%	2011
ARKG	ARK 生物基因改革科技 ARK Genomic Revolution ETF	2,100	0.750%	2014
BIB	ProShares 二倍做多納斯達克生物科技 ProShares Ultra Nasdaq Biotechnology	94	0.950%	2010
LABU	Direxion 每日三倍做多標普生物科技 Direxion Daily S&P Biotech Bull 3X ETF	1,100	1.010%	2015

ETF 代號	ETF 名稱	規模 (百萬美元)	費用率	成立 年份
BIS	ProShares 二倍放空納斯達克生物科技 ProShares UltraShort Nasdaq Biotechnology	4	0.950%	2010
LABD	Direxion 每日三倍放空標普生物科技 Direxion Daily S&P Biotech Bear 3X ETF	156	1.090%	2015

參考來源：Morningstar 2024,01 ／作者整理

　　醫療設備與器材有一定的基本市場需求，有產品市占率的公司較能擁有穩定的獲利空間。醫療設備與器材包含我們日常會使用的酒精、棉花、OK 繃、藥水和居家保健的輔助器材，還有醫院及診所會使用到的消耗品例如針頭和手套，以及各種復健、治療和診斷的儀器設備。近年的疫情肆虐，使口罩、酒精、防護衣和檢測醫材的需求量大增。隨著全球人口老化、流行病毒還有慢性病人口的增加，市場預估醫療設備與器材的需求還在成長中。

表 7-6-5 醫療設備與器材相關 ETF

ETF 代號	ETF 名稱	規模 (百萬美元)	費用率	成立 年份
IHI	iShares 美國醫療設備 iShares US Medical Devices ETF	5,200	0.400%	2006
IHF	iShares 美國健康照護供應商 iShares US Healthcare Providers ETF	928	0.400%	2006
XHE	SPDR 標普健康照護器材 SPDR S&P Health Care Equipment ETF	335	0.350%	2011

參考來源：Morningstar 2024.01 ／作者整理

　　藥物是醫療保健產業重要的獲利來源，不管景氣好壞，有人生病就有藥物的需求存在，屬於剛性需求。只是新藥的研發也是一個燒錢的過程，正常以失敗居多，臨床試驗期也很漫長，因此投資人經常會選擇大型製藥公司。公司需要有成功的產品線維持獲利，還要有豐沛的資本繼續研發及處理意外的訴訟及賠償，有實力根基才有存活的條件及光明的前途可言。因此，觀察製藥業 ETF 的成分股不難發現有很多歷史悠久的公司，它們累積了雄厚的資金，也建立了深厚的研發和通路基礎。

表 7-6-6 製藥業相關 ETF

ETF 代號	ETF 名稱	規模（百萬美元）	費用率	成立年份
PPH	VanEck 製藥類股 VanEck Pharmaceutical ETF	433	0.360%	2011
IHE	iShares 美國製藥業 iShares U.S. Pharmaceuticals ETF	641	0.400%	2006
PJP	Invesco Dynamic 製藥業 Invesco Dynamic Pharmaceuticals ETF	265	0.570%	2005

參考來源：Morningstar 2024.01 ／作者整理

7-7

資訊科技：半導體、雲端運算、人工智慧

　　資訊科技產業為世界帶來的改變令人讚嘆，這十幾年來它在投資方面的成長也有目共睹，目前也是 S&P 500 市值占比最高的產業。每個時代都有不同的產業寵兒，雖然資訊科技業已熱門了好一段時間，但至今市場對資訊科技產業還抱持很大的期許，依舊還是世界進步的重要樞紐，因此在投資方面仍然受到最多的注目。

　　資訊科技的發展日新月異，公司除了要具備創新和技術實力外，還要有能承擔風險的健全財務體質才能永續經營。這是一個很賺錢也很燒錢的產業，崛起的新星很多，但需要持續地快速進步和突破才能擺脫被淘汰的命運。資訊科技產業主要分為三大類：軟體及相關服務、硬體及相關設備和半導體及相關設備。最具代表性的軟體公司是微軟，蘋果因市場高占有率而成為硬體設備類的指標公司，而半導體領頭羊則有輝達、博通等公司。

　　值得留意的是，資訊科技產業屬於有週期性的景氣敏感行業，在經濟繁榮時成長較快，會大規模招聘擴張，但經濟疲弱時也經常透過大幅裁員來減少支出，因此投資人交易時機的選擇也很關鍵。通常擁有高市占率的大型科技公司在景氣波動時期的股價會比一般科技公司穩定一些。

圖 7-7-1 近十年 S&P 500 資訊科技類股走勢圖

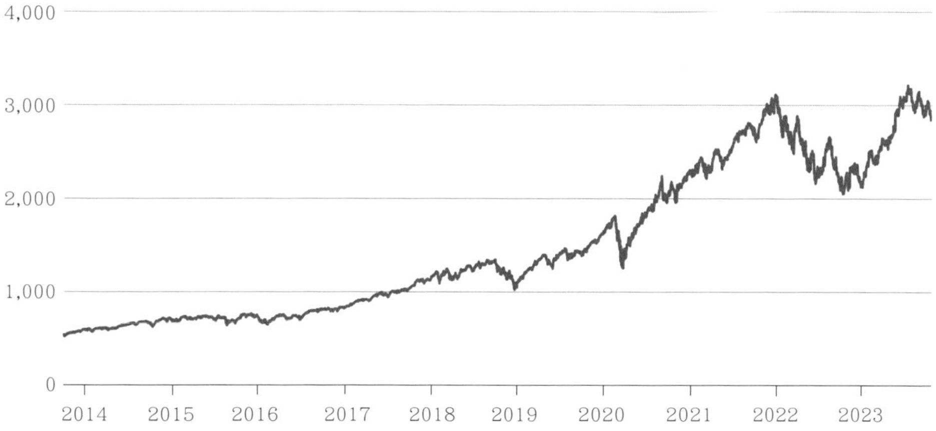

資料來源：S&P Global 2023 .10

表 7-7-1 資訊科技類股 ETF

ETF 代號	ETF 名稱	規模 (百萬美元)	費用率	成立 年份
VGT	Vanguard 資訊科技指數 Vanguard Information Technology ETF	57,700	0.100%	2004
XLK	SPDR 科技類股 Technology Select Sector SPDR ETF	56,200	0.100%	1998
FTEC	Fidelity MSCI 資訊科技指數 Fidelity MSCI Information Technology ETF	8,000	0.084%	2013

ETF 代號	ETF 名稱	規模 （百萬美元）	費用率	成立 年份
IYW	iShares 美國科技業 iShares US Technology ETF	13,600	0.400%	2000
IXN	iShares 全球科技 iShares Global Tech ETF	4,000	0.410%	2001
ROM	ProShares 二倍做多科技業 ProShares Ultra Technology	572	0.950%	2007
TECL	Direxion 每日三倍做多科技業 Direxion Daily Technology Bull 3X	2,600	0.970%	2008
REW	ProShares 二倍放空科技業 ProShares UltraShort Technology	3	0.950%	2007
TECS	Direxion 每日三倍放空科技業 Direxion Daily Technology Bear 3X	176	1.080%	2008

參考來源：Morningstar 2024.01 ／作者整理

表 7-7-2 資訊科技類股 ETF 重點成分股

公司名稱（個股代號）＼ETF	VGT	XLK	FTEC	IYW	IXN
Apple Inc（AAPL）	●	●	●	●	●
Microsoft Corp（MSFT）	●	●	●	●	●
NVIDIA Corp（NVDA）	●	●	●	●	●
Broadcom Inc（AVGO）	●	●	●	●	●
Adobe Inc（ADBE）	●	●	●	●	●
Salesforce Inc（CRM）	●	●	●	●	●
Advanced Micro Devices Inc （AMD）	●	●	●	●	●
Cisco Systems Inc（CSCO）	●	●	●		
Accenture PLC（ACN）	●	●	●		

參考來源：Morningstar 2024.01 ／作者整理，取占比前十名內主要共同成分股

表 7-7-3 資訊科技類股 ETF 重點成分股公司簡介

公司名稱 （個股代號）	公司市值 （百萬美元）	簡介
Apple Inc （AAPL）	2,870,000	蘋果公司是全球智慧型手機、電腦和軟體服務的領先企業之一，將自行開發的硬體、軟體、半導體及服務整合，在市場具有高度的競爭力。
Microsoft Corp （MSFT）	2,750,000	微軟是全球最大的應用軟體公司之一，為個人及企業提供電腦作業系統。另外也有提供雲端相關服務和筆記型電腦等商品。
NVIDIA Corp （NVDA）	1,170,000	輝達是先進的視覺運算公司，也是繪圖處理器的領先公司，其高效能運算的產品運用領域廣泛，包含人工智慧、遊戲、自動駕駛系統等。
Broadcom Inc （AVGO）	495,560	全球第六大半導體公司，業務擴展至各種軟體和半導體元件的設計與開發，運用的領域和層面相當廣泛。
Adobe Inc （ADBE）	205,250	全球最大的應用軟體公司之一，為內容創作人士、行銷人員提供軟體系統及設備，主要部門包含數位內容創作、數位行銷和傳統出版。
Salesforce Inc （CRM）	243,780	賽富時是全球知名的客戶關係管理平台服務商，建立公司與客戶聯繫及管理的橋梁，協助公司銷售、服務和行銷。
Advanced Micro Devices Inc （AMD）	218,610	全球知名的半導體公司，主要專注在微處理器，應用層面相當廣泛，包含汽車、PC、遊戲、醫療設備、航空航太等領域。
Cisco Systems Inc（CSCO）	203,500	思科是全球最大網路設備供應商及軟體公司之一，營收主要來自網路硬體和軟體，其中包含網路安全軟體。客戶遍布全球約 90 個國家。
Accenture PLC（ACN）	211,870	全球領先的 IT 服務公司，提供諮詢、技術和營運服務，包含提供企業數位轉型、採購和軟體系統整合等多方面的協助。

參考來源：Morningstar 2024.01 ／作者整理

　　因同類產業指數的相似度高，大型的資訊科技類股 ETF 經常被拿來和資訊科技指標的納斯達克 100 指數 ETF 比較，從表 7-7-4 比較可以看出雖然 QQQ 有規模上的優勢，但費用率也比較高，成分股數量的多寡在績效上未必有絕對的優劣勢，主要還是以表現優異的成分股占比越高，ETF 整體表現才會越好。

表 7-7-4 資訊科技類股 ETF 和納斯達克 100 指數比較表

ETF 代號	VGT	XLK	QQQ
ETF 中文名稱	Vanguard 資訊科技類股	SPDR 科技類股	Invesco 納斯達克 100 指數
規模 (百萬美元)	57,700	56,200	224,800
費用率	0.100%	0.100%	0.200%
成分股數量	315	64	101
近 10 年 年化報酬率	19.34%	19.70%	17.51%

參考來源：Morningstar 2024.01／作者整理

　　半導體是我們現代數位生活的核心基礎，沒有半導體就沒有網路、手機、電腦和許多跨產業的智慧型電子設備產品，它的不可或缺性和高技術性也使它成為科技投資領域的重要亮點之一。成立於 1993 年的美國費城半導體指數（Philadelphia Semiconductor Index，簡稱 PHLX Semiconductor Index，指數代號為 SOX）是全球半導體產業重要的參考指標之一，採用市值加權指數，從半導體設計、製造到銷售等含有 30 檔成分股，有知名的輝達（NVIDIA）、英特爾（Intel）、超微（AMD）、德儀（TI）、艾司摩爾、應用材料（Applied Materials）、美光（Micron）等公司，還有台灣的台積電也在其中。

表 7-7-5 半導體類股 ETF

ETF 代號	ETF 名稱	規模 (百萬美元)	費用率	成立年份
SOXX	iShares 半導體類股 iShares Semiconductor ETF	9,700	0.350%	2001
SMH	VanEck 半導體類股 VanEck Semiconductor ETF	11,300	0.350%	2011
XSD	SPDR 標普半導體類股 SPDR S&P Semiconductor ETF	1,400	0.350%	2006
SOXQ	Invesco 費城半導體 Invesco PHLX Semiconductor ETF	173	0.190%	2021
USD	ProShares 二倍做多半導體類股 ProShares Ultra Semiconductors	346	0.950%	2007
SOXL	Direxion 每日三倍做多半導體類股 Direxion Daily Semiconductors Bull 3X ETF	6,900	0.940%	2010
SSG	ProShares 二倍放空半導體類股 ProShares UltraShort Semiconductors	7	0.950%	2007
SOXS	Direxion 每日三倍放空半導體類股 Direxion Daily Semiconductors Bear 3X ETF	1,100	1.020%	2010

參考來源：Morningstar 2024.01 ／作者整理

　　近年投資市場對網路安全、大數據運算、人工智慧、行動通訊技術等市場需求相當關注，雖然有一部分的公司已經歷過高成長期，接下來的成長會突破還是趨緩還是未知，但市場依舊看好相關的發展潛力。只是科技發展快速，需要經常追蹤變化，尤其公司如果無法維持領先或是獨特優勢，很快就會被市場淘汰，這部分投資者要小心。不只公司，連相關 ETF 的變化也很快速，本書的數據只是階段性參考，投資前一定要再確認最新資訊和發展。

表 7-7-6 網路安全類股 ETF

ETF代號	ETF 名稱	規模（百萬美元）	費用率	成立年份
CIBR	First Trust 納斯達克網路安全 First Trust NASDAQ Cybersecurity ETF	5,700	0.600%	2015
HACK	ETFMG 卓越網路安全 ETFMG Prime Cyber Security ETF	1,600	0.600%	2014
BUG	Global X 網路安全 Global X Cybersecurity ETF	694	0.510%	2019
IHAK	iShares 網路安全與科技 iShares Cybersecurity and Tech ETF	716	0.470%	2019

參考來源：Morningstar 2024.01 ／作者整理

表 7-7-7 雲端運算類股 ETF

ETF代號	ETF 名稱	規模（百萬美元）	費用率	成立年份
SKYY	First Trust 雲端運算 First Trust Cloud Computing ETF	2,800	0.600%	2011
WCLD	WisdomTree 雲端運算 WisdomTree Cloud Computing Fund	642	0.450%	2019
CLOU	Global X 雲端運算 Global X Cloud Computing ETF	597	0.680%	2019

參考來源：Morningstar 2024.01 ／作者整理

　　人工智慧（AI）是近年熱門的科技投資主題，被鎖定為世界重要的未來趨勢，伴隨著無限商機，因此大量的投資資金也紛紛湧入，但實際的發展和獲利能否符合預期目前仍需要時間證明。人工智慧能夠應用的領域相當多元，包含工業製造、醫療保健、交通運輸和百貨零售等行業，運用得當能夠減少成本，提升效率，甚至促進產業改革。

因牽涉產業廣泛，即便同樣主題的 ETF，成分股聚焦的方向可能會不同，需要多了解和比較才能掌握風險。搭著趨勢潮流，許多的 ETF 發行券商也迫不及待地卡位，相關的投資選擇持續增加，投資者要小心一些純吸金的陷阱產品，盡量避開規模較小和流動性不佳的選擇。

表 7-7-8 人工智慧類股 ETF

ETF 代號	ETF 名稱	規模 （百萬美元）	費用率	成立 年份
BOTZ	Global X 機器人與人工智慧 Global X Robotics & Artificial Intelligence ETF	2,400	0.690%	2016
ROBO	ROBO Global 機器人與自動化指數 ROBO Global Robotics and Automation Index ETF	1,300	0.950%	2013
IRBO	iShares 機器人與人工智慧跨產業 iShares Robotics and Artificial Intelligence Multisector ETF	583	0.470%	2018
ARKQ	ARK 自主技術與機器人 ARK Autonomous Technology & Robotics ETF	994	0.750%	2014
ROBT	First Trust 納斯達克人工智慧與機器人 First Trust Nasdaq Artificial Intelligence and Robotics ETF	466	0.650%	2018
AIQ	Global X 人工智慧與科技 Global X Artificial Intelligence & Technology ETF	881	0.680%	2018
IGPT	Invesco 人工智慧與未來世代軟體 Invesco AI and Next Gen Software ETF	177	0.600%	2005
CHAT	Roundhill 生成式人工智慧與科技 Roundhill Generative AI & Technology ETF	63	0.750%	2023
THNQ	ROBO Global 人工智慧指數 ROBO Global Artificial Intelligence ETF	124	0.680%	2020

參考來源：Morningstar 2024.01 ／作者整理

表 7-7-9 其他科技類股 ETF

ETF 代號	ETF 名稱	規模 (百萬美元)	費用率	成立 年份
ARKK	ARK 創新主動型 ARK Innovation ETF	8,600	0.750%	2014
IGV	iShares 擴展科技軟體類股 iShares Expanded Tech-Software Sector ETF	7,100	0.410%	2001
XSW	SPDR 軟體服務業 SPDR S&P Software & Services ETF	356	0.350%	2011
XT	iShares 指數型成長科技 iShares Exponential Technologies ETF	3,400	0.460%	2015
FDN	First Trust 道瓊網路商業指數 First Trust Dow Jones Internet Index Fund	5,600	0.520%	2006
ARKW	ARK 下一代網路主動型 ARK Next Generation Internet ETF	1,600	0.870%	2014
ARKF	ARK 金融科技創新主動型 ARK Fintech Innovation ETF	1,100	0.750%	2019
FINX	Global X 金融科技 Global X FinTech ETF	393	0.680%	2016
SNSR	Global X 物聯網 Global X Internet of Things ETF	300	0.680%	2016

參考來源：Morningstar 2024.01 ／作者整理

7-8

金融：銀行、保險、投資

　　金融業掌管著世界所有的經濟交易和商業運作，從個人生活、公司經營到國家發展都有密切且直接的關係。金融領域涵蓋銀行、保險機構、消費金融公司和證券經紀公司等。隨著全球經濟的發展、科技的創新和人口的增長，從國家政府到個人對資金的規劃及管理都有顯著的持續性需求。迎接社會的百歲時代來臨，成熟市場對金融理財的需求也在提升，期望能為更長遠的生活提供重要的經濟規劃與支持。

　　金融業屬於政府監管的行業，經常需要配合政府的政策及法規調整，尤其對中央銀行主導的利率政策相當敏感，經常會牽動到金融業的表現。此外，整體經濟和商業模式的改變也影響到各家的生存及市場版圖。初入金融業的投資新手可以先考慮投資大型銀行或相關組合的 ETF，大型銀行因有龐大的客戶基礎，推出的產品也相當豐富，包含保險、投資和資產管理等，擁有多元的獲利管道。因為規模大到不能倒，若遇到緊急情況較容易獲得政府支持作為後盾，降低部分風

險。美國金融股的漲跌幅度較台灣金融股大,對績效和央行的利率變化反應更敏銳,會隨著全球的經濟狀況起伏。

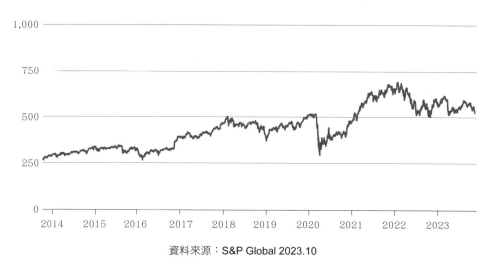

圖 7-8-1 近十年 S&P 500 金融類股走勢圖

資料來源：S&P Global 2023.10

表 7-8-1 金融類股 ETF

ETF 代號	ETF 名稱	規模 (百萬美元)	費用率	成立 年份
XLF	SPDR 金融股 Financial Select Sector SPDR ETF	34,200	0.100%	1998
VFH	Vanguard 金融股 Vanguard Financials ETF	9,100	0.100%	2004
IYF	iShares 美國金融股 iShares US Financials ETF	2,100	0.400%	2000
FNCL	Fidelity MSCI 金融指數 ETF Fidelity MSCI Financials ETF	1,500	0.084%	2013
IXG	iShares 全球金融股 iShares Global Financials ETF	435	0.420%	2001

ETF 代號	ETF 名稱	規模 (百萬美元)	費用率	成立 年份
KBE	SPDR 標普銀行業 ETF SPDR S&P Bank ETF	2,000	0.350%	2005
KBWB	Invesco KBW 銀行業 Invesco KBW Bank ETF	1,600	0.350%	2011
IYG	iShares 美國金融服務業 iShares U.S. Financial Services ETF	1,200	0.400%	2000
IAI	iShares 美國券商與交易所 iShares U.S. Broker-Dealers & Securities Exchanges ETF	422	0.400%	2006
KIE	SPDR 標普保險業 SPDR S&P Insurance ETF	685	0.350%	2005
IAK	iShares 美國保險業 iShares U.S. Insurance ETF	470	0.400%	2006
UYG	ProShares 二倍做多金融股 ProShares Ultra Financials	601	0.960%	2007
FAS	Direxion 每日三倍做多金融股 Direxion Daily Financial Bull 3X ETF	2,000	0.960%	2008
SEF	ProShares 一倍放空金融股 ProShares Short Financials	17	0.950%	2008
SKF	ProShares 二倍放空金融股 ProShares UltraShort Financials	18	0.950%	2007
FAZ	Direxion 每日三倍放空金融股 Direxion Daily Financial Bear 3X ETF	144	1.090%	2008

參考來源：Morningstar 2024.01 ／作者整理

表 7-8-2 金融類股 ETF 重點成分股

公司名稱（個股代號）＼ ETF	XLF	VFH	IYF	FNCL	IXG
Berkshire Hathaway Inc（BRK.B）	●	●	●	●	●
JPMorgan Chase & Co（JPM）	●	●	●	●	●
Bank of America Corp（BAC）	●	●	●	●	●
Wells Fargo & Co（WFC）	●	●	●	●	●

公司名稱（個股代號）＼ ETF	XLF	VFH	IYF	FNCL	IXG
S&P Global Inc（SPGI）	●	●	●	●	●
Visa Inc（V）	●	●		●	●
Master Inc（MA）	●	●		●	●
The Goldman Sachs Group Inc（GS）	●	●	●	●	
BlackRock Inc（BLK）	●	●	●	●	

參考來源：Morningstar 2024.01 ／作者整理，取占比前十名內主要共同成分股

表 7-8-3 金融類股 ETF 重點成分股公司簡介

公司名稱 （個股代號）	公司市值 （百萬美元）	簡介
Berkshire Hatha-way Inc（BRK.B）	794,380	股神巴菲特經營的波克夏・海瑟威公司，以保險和多元投資為主的金融集團。
JPMorgan Chase & Co（JPM）	495,320	摩根大通集團，許多人也稱作「小摩」，目前是美國第一大銀行，提供全球性的金融服務。
Bank of America Corp（BAC）	265,350	美國銀行為美國第二大商業銀行，在 2008 年金融海嘯時併購了知名的美林證券（Merrill Lynch）為附屬公司。
Wells Fargo & Co（WFC）	176,790	富國銀行集團是一家以美國中小型企業市場為主的金融集團，業務涵蓋銀行、保險、投資、貸款等，業務主要集中在美國。
S&P Global Inc（SPGI）	136,180	全球領先的金融和商業數據分析商，包含信用評級、財務指數、大宗商品價格報告等等，建立重要的投資市場參考標準。
Visa Inc（V）	530,200	全球最大的支付處理公司，國際信用卡發行商之一，業務範圍超過 200 個國家，處理 160 種以上貨幣。2022 年處理的交易金額達 14 兆美元。
Mastercard Inc（MA）	392,860	全球第二大的支付處理公司，國際信用卡發行商之一，業務遍及兩百多個國家，處理一百五十多種貨幣。2022 年處理的交易金額達 8 兆美元。

公司名稱 （個股代號）	公司市值 （百萬美元）	簡介
The Goldman Sachs Group Inc（GS）	124,510	高盛集團是全球領先的投資銀行、證券和資產管理公司，是世界最大的投資銀行之一，向客戶提供投資、諮詢和相關服務，大約有 40% 的淨收入來自美洲以外市場。
BlackRock Inc（BLK）	116,650	貝萊德是全球最大的資產管理集團，客戶遍及一百多個國家。對許多 ETF 投資者來說並不陌生，因為有很多的 ETF 投資產品也來自於它們。

參考來源：Morningstar 2024.01 ／作者整理

7-9

通訊服務：電信業、媒體業

　　身處數位時代，手機已經是許多現代人生活中的必需品，它不僅是我們食衣住行育樂的橋梁，在工作方面也不可或缺，還是我們維繫親情、友情和愛情的重要媒介，更是未來大眾學習和活動參與的重要管道。網路在各方面的需求也持續成長，全球病毒的流行肆虐也帶動線上生活型態的發展，包含遠距教學、醫療和工作，還有線上消費以及更多元的影視娛樂發展。大量的網路通訊需求和對網路無限速度的期待，代表著科技創新和通訊基礎建設都要持續升級，通訊服務產業無疑是改變世界生活模式重要的推手之一。

　　傳統通訊產業的主角是電信業者，屬於國家重要的基礎建設也是公用事業的一部分，美國有三大電信商分別為 Verizon、AT&T、T-Mobile。產業競爭使得電信商的生態也不斷在改變，像在 2020 年 T-Mobile 與 Sprint 合併後便從規模較小的老三躍升為美國的第二大電信商，與市占第一名電信商規模相去不遠，目前處於三家鼎立的時

代。過去以電信為主的通訊業偏向防禦型投資，成長和配息相較其他產業穩定，這個領域最大的變數通常來自政府監管，尤其消費者隱私和數據利用的相關法令也與時俱進地變化，公司獲利都會受到政策改變的影響。

　　隨著時代改變，通訊產業結構也與以往不同，全球行業分類標準 GICS 在 2018 年將高成長的互聯網媒體行業納入了原本以電信業為主的通訊產業，包含 Meta Platforms、Alphabet（Google 母公司）、Netflix 和 Disney 等一些美國的網路媒體公司。這些對市場景氣相當敏感的互聯網媒體一躍成為通訊服務產業 ETF 的重要成分股，也使得整體產業有別以往，對市場的變化反應更加鮮明，從圖 7-9-1 可以看出在 2018 年後，股價波動的幅度也隨著新媒體的加入改變了。

圖 7-9-1 近十年 S&P 500 通訊服務類股走勢圖

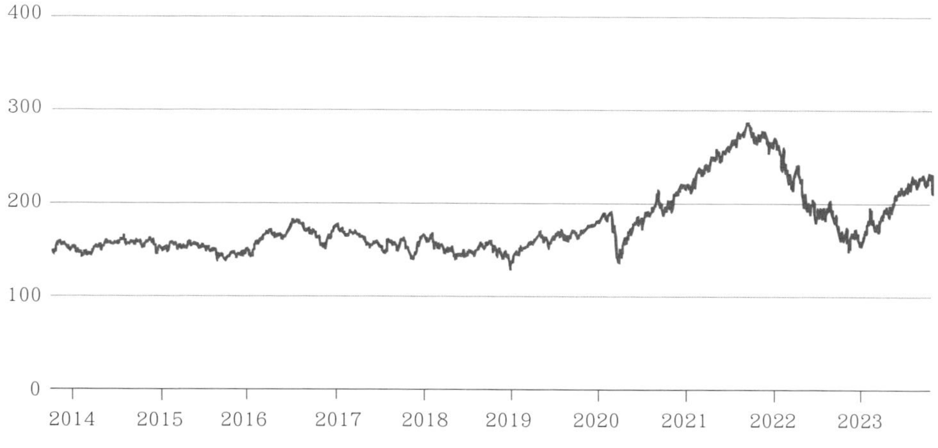

資料來源：S&P Global 2023.10

表 7-9-1 通訊服務類股 ETF

ETF 代號	ETF 名稱	規模 （百萬美元）	費用率	成立 年份
XLC	SPDR 通訊服務業 Communication Services Select Sector SPDR Fund	16,100	0.100%	2018
VOX	Vanguard 通訊服務業 Vanguard Communication Services Index Fund	3,500	0.100%	2004
XTL	SPDR 標普電信業 SPDR S&P Telecom ETF	61	0.350%	2011
IYZ	iShares 美國電信業 iShares US Telecommunications ETF	281	0.400%	2000
LTL	ProShares 二倍做多電信業 ProShares Ultra Telecommunications	1	0.950%	2008

參考來源：Morningstar 2024.01／作者整理

表 7-9-2 通訊服務類股 ETF 重點成分股

公司名稱（個股代號）＼ETF	XLC	VOX	XTL	IYZ
T-Mobile US Inc（TMUS）	●	●	●	●
Verizon Communications Inc（VZ）	●	●		●
AT&T Inc（T）	●	●		●
Comcast Corp（CMCSA）	●	●		●
Charter Communications Inc（CHTR）	●	●		●
Cisco Systems Inc（CSCO）			●	●
Meta Platforms Inc（META）	●	●		
Alphabet Inc （GOOGL）	●	●		
Netflix Inc（NFLX）	●	●		

參考來源：Morningstar 2024.01／作者整理，取占比前十名內主要共同成分股

表 7-9-3 通訊服務類股 ETF 重點成分股公司簡介

公司名稱 （個股代號）	公司市值 （百萬美元）	簡介
T-Mobile US Inc （TMUS）	187,700	美國三大電信公司之一，收購原為美國第四大 Sprint 通訊公司後規模躍升。目前為美國第二大的無線通訊公司，擁有 7,300 萬後付費及 2,100 萬預付費電信客戶。
Verizon Communica- tions Inc（VZ）	165,520	美國三大電信公司之一，目前為美國最大的無線通訊公司，擁有約 9,200 萬後付費及 2,200 萬預付費電信客戶。另外，在固網電信和寬頻服務也有一定的市占率。
AT&T Inc（T）	122,620	美國三大電信公司之一，目前為美國第三大的無線通訊公司，擁有約 7,000 萬後付費及 1,800 萬預付費電信客戶。此外，在墨西哥也有相關事業發展。
Comcast Corp （CMCSA）	171,590	美國主要有線電視公司之一，為美國近一半地區，約 6,200 萬家庭和企業提供電視和電信網路相關服務。
Charter Communica- tions Inc（CHTR）	55,580	美國主要的有線電視公司之一，目前僅次於 Comcast Corp，為約 5,600 萬家庭和企業提供電視和電信網路相關服務。
Cisco Systems Inc （CSCO）	203,500	思科是全球最大網路設備供應商及軟體公司之一，營收主要來自網路硬體和軟體，其中包含網路安全軟體。客戶遍布全球約 90 個國家。
Meta Platforms Inc （META）	892,050	全球最大線上社群網路公司，主要應用程式包含 Facebook、Instagram、WhatsApp 和 Messenger。廣告收入占公司總營收 90% 以上，其中近一半來自北美地區。
Alphabet Inc （GOOGL）	1,710,000	旗下的 Google 是全球最大的線上搜尋公司，市占率達全球 90% 以上，營收有 85% 以上來自線上廣告，其他則來自 Google Play、YouTube 等相關媒體服務。
Netflix Inc（NFLX）	207,750	網飛主要提供媒體串流服務，它在全球擁有近 2.5 億的用戶群，目前專注在電視劇、電影和紀錄片。營收來自訂閱費及廣告。

參考來源：Morningstar 2024.01／作者整理

目前通訊服務產業 ETF 規模最大的 XLC 和 VOX 的前兩名共同成分股是重量級市值的 Alphabet 和 Meta Platforms，這兩間公司大部分的收入來自數位廣告，因此景氣的變化也會快速反映在通訊服務產業 ETF 的股價上。這兩支大型通訊服務產業 ETF 共同持股還有美國三大電信公司，只是占比較互聯網媒體低。在 2022 年的熊市中，通訊產業的 ETF（代號：XLC）落後大盤指數 S&P 500 的 ETF（代號：SPY）將近 20%，主要就是受到高成分占比的互聯網媒體公司下跌所影響。

如果只想投資以電信業為主的 ETF，有「iShares 美國電信業 ETF」（代號：IYZ），或是以電信基礎建設相關公司為主的「SPDR 標普電信業 ETF」（代號：XTL）可以選擇。

5G 和下一代行動通訊網路是近來熱門的通訊投資話題，它能提供更快速的網路和更多同步連結的服務，促進更多高科技產品的發展應用，傳輸著無限的商機，目標是使我們日常生活的學習、娛樂、交通、醫療和公共安全等能進一步提升。未來通訊概念股又可以分為上游、中游和下游公司，例如上游有半導體相關公司，中游有網路交換器等通訊設備公司，下游則有電信商、物聯網、手機和筆電廠商等產品及服務公司。

因此，同主題但不同 ETF，所選擇聚焦的投資領域可能會有差異，這也考驗著 ETF 經理人是否能在對的時機點選擇最有利的成分股或指數，為投資人創造最好的績效。

表 7-9-4 下一代網路相關 ETF

ETF 代號	ETF 名稱	規模 (百萬美元)	費用率	成立 年份
FIVG	Defiance 未來時代網路 Defiance Next Gen Connectivity ETF	551	0.300%	2019
NXTG	First Trust 下一代數位科技 First Trust Indxx NextG ETF	393	0.700%	2011

參考來源：Morningstar 2024.01 ／作者整理

7-10

公用事業：交通建設、電力及水利事業、廢物處理

　　公用事業主要是由政府經營或是經過政府特許和監督的民營公司，包含提供電力、水利、天然氣、廢物處理、通訊和交通運輸等一般大眾生活中不可或缺的公共基礎建設和服務。這類產業規模雖然較小，成長相較其他產業不特別突出，但長期獲利和配息相對穩定。景氣的變化對公用產業的股價影響較小，反而受政策的影響較大，尤其是利率。在低利率時期，公用事業類股的配息具有吸引力，因為公用事業類股的殖利率可能會高於債券的利率，此外還有基礎建設昂貴，公司常需背負大量的債務，所以利率越低，成本負擔就越輕，可以增加公司的獲利空間，反之亦然。這也讓公用事業類股有時對利率的反應比經濟市場的變化更敏感。

　　當中也有例外的情況，像是如果有其他產業正在崛起時，可能會導致公用事業類股下跌而不是上漲，因為資金會流向更高報酬率的產業，但不影響其長期的成長走勢。

　　整體來說，公用事業類股的成長速度相較其他產業慢，但也相對穩定，因此許多投資者在經濟不穩定時期，會選擇將相關產業類股納入自己的投資組合。除了政策和利率對公用事業的影響大，還有原物料價格的漲跌也會直接關係到公用事業類股的成本，影響公司的獲利及股價表現。基礎設施的成本高昂，也需要持續維護和升級，只要市場需求足夠且穩定，公司的生存相對有保障。

　　從公用事業類股 ETF 的成分股可以觀察到電力公司占了很大的一部分，它不僅對產業營收的貢獻多，市場對未來的能源轉型和相關基礎設施的需求成長也有相當的期待。

圖 7-10-1 近十年 S&P 500 公用事業類股走勢圖

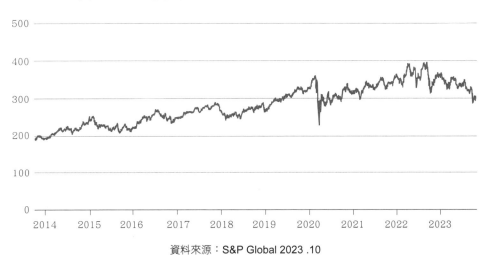

資料來源：S&P Global 2023 .10

表 7-10-1 公用事業類股 ETF

ETF 代號	ETF 名稱	規模 (百萬美元)	費用率	成立 年份
XLU	SPDR 公用事業類股 Utilities Select Sector SPDR ETF	14,400	0.100%	1998

ETF 代號	ETF 名稱	規模 （百萬美元）	費用率	成立 年份
VPU	Vanguard 公用事業類股 Vanguard Utilities ETF	4,900	0.100%	2004
FUTY	Fidelity MSCI 公用事業指數 Fidelity MSCI Utilities ETF	1,400	0.084%	2013
IDU	iShares 美國公用事業 iShares U.S. Utilities ETF	844	0.400%	2000
JXI	iShares 全球公用事業 iShares Global Utilities ETF	129	0.430%	2006
UPW	ProShares 二倍做多公用事業 ProShares Ultra Utilities	11	0.950%	2007
SDP	ProShares 二倍放空公用事業 ProShares UltraShort Utilities	1	0.950%	2007

參考來源：Morningstar 2024.01 ／作者整理

表 7-10-2 公用事業類股 ETF 重點成分股

公司名稱（個股代號）＼ETF	XLU	VPU	FUTY	IDU	JXI
NextEra Energy Inc（NEE）	●	●	●	●	●
Duke Energy Corp（DUK）	●	●	●	●	●
Southern Co（SO）	●	●	●	●	●
Dominion Energy Inc（D）	●	●	●	●	●
American Electric Power Co Inc（AEP）	●	●	●	●	●
Sempra（SRE）	●	●	●	●	●
Constellation Energy Corp（CEG）	●	●	●	●	
Exelon Corp（EXC）	●	●	●	●	
Xcel Energy Inc（XEL）	●	●	●		

參考來源：Morningstar 2024.01 ／作者整理，取占比前十名內主要共同成分股

表 7-10-3 公用事業類股 ETF 重點成分股公司簡介

公司名稱 （個股代號）	公司市值 （百萬美元）	簡介
NextEra Energy Inc （NEE）	126,800	美國知名電力公司，其最大營收來自受監管的公用事業佛羅里達電力公司，為佛羅里達州近 600 萬用戶提供電力，另外在其他北美地區也生產及銷售天然氣、核能、風能和太陽能。
Duke Energy Corp（DUK）	75,910	美國知名電力公司，在美國不同州都有公用事業，為約 820 萬用戶提供電力，也為超過 160 萬用戶提供天然氣。另外也有風能和太陽能的基礎建設及儲能等相關事業發展。
Southern Co （SO）	78,210	美國知名電力公司，擁有約 900 萬用戶，是美國最大的公用事業公司之一。在美國三個州有電力公司，在四個州有天然氣配送公司。
Dominion Energy Inc （D）	40,330	美國知名的綜合能源公司，總部位於美國維吉尼亞州。
American Electric Power Co Inc（AEP）	43,850	美國知名電力公司，為美國超過 11 州，約 500 萬用戶提供電力。產能主要來自煤炭，其次為天然氣。
Sempra Energy（SRE）	47,800	美國知名電力和基礎設施公司，營收主要來自美國加州和德州。
Constellation Energy Corp （CEG）	36,840	美國最大的再生能源供應商之一，有一半的電力銷售來自無碳能源，包含核能、太陽能、風能、水力等。在美國管理 370 萬電力客戶和 210 萬天然氣客戶。
Exelon Corp （EXC）	35,860	美國知名電力公司，為美國六個州，約 1,000 萬用戶提供電力和天然氣。
Xcel Energy Inc（XEL）	35,170	美國知名電力公司，也是美國最大的再生能源供應商之一，約有一半電力銷售來自無碳能源。為美國八個州，約 370 萬用戶提供電力及約 210 萬用戶提供天然氣。

參考來源：Morningstar 2024.01 ／作者整理

基礎建設是公用事業的重要根基也是產業的重點投資標的，因此有聚焦在此領域的相關 ETF 可以選擇。不同發行商在基礎建設 ETF 的成分股配置有重機械公司、通訊公司、鐵路運輸公司和電力公司等，相當多元，也橫跨不同的產業。因此，投資時也需要考量相關重點成分股的產業景氣循環週期，評估是否還處在有利的成長期，否則對的產品，在不對的時機點投資還是有鎩羽而歸的風險。

　　簡單來說，即使 ETF 主題相同，只要聚焦的成分類股和占比配置不同就會產生績效差異，投資者可以透過股市工具追蹤比較，找出挑選和經營能力較佳，績效表現優異的 ETF。

表 7-10-4 基礎建設類股 ETF

ETF 代號	ETF 名稱	規模 （百萬美元）	費用率	成立 年份
IGF	iShares 全球基礎建設 iShares Global Infrastructure ETF	3,700	0.410%	2007
NFRA	FlexShares STOXX 全球整體基礎建設 FlexShares STOXX Global Broad Infrastructure Index Fund	2,200	0.470%	2013
PAVE	Global X 美國基礎建設發展 Global X U.S. Infrastructure Development ETF	5,500	0.470%	2017
IFRA	iShares 美國基礎建設 iShares U.S. Infrastructure ETF	2,200	0.300%	2018
GII	SPDR 標普全球基礎設施 SPDR S&P Global Infrastructure ETF	403	0.400%	2007

參考來源：Morningstar 2024.01 ／作者整理

表 7-10-5 基礎建設類股 ETF 比較表

ETF 代號	IGF	NFRA	PAVE	IFRA	GII
追蹤市場	全球市場（追蹤 S&P Global Infrastructure Index）	全球市場（追蹤 STOXX Global Broad Infrastructure Index）	美國市場（追蹤 INDXX U.S. Infrastructure Development Index）	美國市場（追蹤 NYSE FactSet U.S. Infrastructure Index）	全球市場（追蹤 S&P Global Infrastructure Index）
成分股數量	約 75 檔	約 170 檔	約 100 檔	約 150 檔	約 75 檔
近 1 年報酬率	4.28%	6.80%	25.31%	9.70%	4.04%
近 5 年年化報酬率	6.11%	6.15%	20.19%	13.07%	6.11%

資料來源：Morningstar 2024.01 ／作者整理

　　從表 7-10-5 可以觀察到目前追蹤美國市場的基礎建設類股 ETF 優於全球市場，基礎建設在工業方面都有一定的投資占比，其中以追蹤相同指數的 IGF 和 GII 表現最接近，成分占比以工業和公用事業為大宗。其他相關 ETF 因追蹤標的不同，因此績效表現會有差異，像是 PAVE 的工業占比高達七成，其次為原物料產業占兩成左右；IFRA 的投資結構以公用事業最高占四成，其次為工業占三成。NFRA 有別於其他四支 ETF，除了工業和公用事業有一定占比以外，在通訊業的投資比例也很高。

　　即便是同類股，鎖定的產業方向及市場不同也會反映在績效差距上，因此投資前可以多比較了解。這五檔 ETF 比較後，目前還是以追蹤美國市場的績效表現相對突出。

7-11
房地產：住宅、商辦、物流倉儲、數據中心

　　關於美國的房地產投資，首先要介紹「不動產投資信託」（Real Estate Investment Trust, REIT），也稱作「房地產信託基金」，指擁有房地產並從中獲得收入的公司。一般房地產的投資金額門檻很高，若當包租公或包租婆也要處理房地產相關稅務、租客和清潔修繕等許多雜事，而透過證券市場投資 REITs 不但小資金就能參與，還可以省去很多麻煩，而且流通性更高。房地產價值的漲跌和租金收益都會反映在投資報酬中。

　　投資 REITs 就是投資房地產，而投資相關 ETF 就是投資一籃子的 REITs 公司分散風險。房地產的選擇相當多元，包含住宅、辦公大樓、電塔、商場百貨、醫療機構、數據中心等等。依美國政府規定 REIT 公司每年需要分配出一定比例的收益，因此在公司有收益情況下，投資者一般都會獲得配息。REITs 主要分成以下三種類型：

1. **權益型** REITs（Equity REITs）：直接買賣和經營房地產，透過買賣的價差和租金產生收入，投資相關 REITs 就代表擁有部分的產權。

2. **抵押權型** REITs（Mortgage REITs）：不直接投資房地產，而是將資金借給房地產開發商，或是投資房地產債權或證券，收入主要來自利息和手續費，因此利率對收入的影響也大。

3. **混合型** REITs（Hybrid REITs）：權益型 REITs 和抵押權型 REITs 的混合，經理人視市場景氣和利率變化進行投資的配置及調整，收入也比較多元。

REIT 公司在美國法規方面有免除所得稅的優勢，但也規定公司需要將 90% 的收益分配給股東。這對公司來說可運用的投資資金就

圖 7-11-1 近十年 S&P 500 房地產類股走勢圖

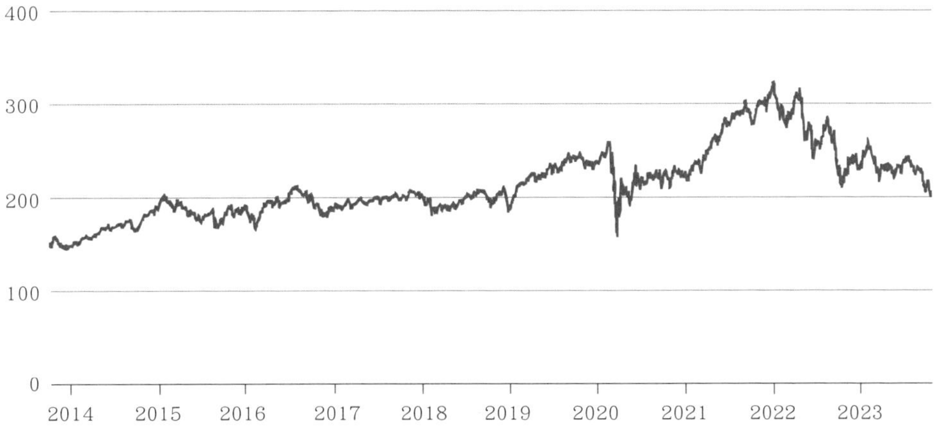

資料來源：S&P Global 2023.10

會減少許多，削弱成長的速度。對股東來說，透過 REITs 可以領取穩定的股息，只是股息的多寡和股價的高低也會受到市場景氣、稅務政策和利率等因素影響，有時波動也不小。此外，非美國籍投資者需要被課 30% 的股息稅也會影響到部分的投資吸引力。整體來說，房地產業的收益相對穩定，長期的價格不僅能抗通膨也有成長性，而且與股票和債券的關聯性不高，因此也適合將其納入投資組合作為分散風險的配置，尤其房市在一些時期的表現更勝於債市。

表 7-11-1 房地產類股 ETF

ETF 代號	ETF 名稱	規模 (百萬美元)	費用率	成立 年份
VNQ	Vanguard 房地產 Vanguard Real Estate ETF	33,200	0.120%	2004
XLRE	SPDR 房地產 Real Estate Select Sector SPDR	5,700	0.100%	2015
ICF	iShares Cohen & Steers 不動產投資信託 iShares Cohen & Steers REIT ETF	2,100	0.330%	2001
IYR	iShares 美國房地產指數 iShares US Real Estate ETF	4,500	0.400%	2000
SCHH	Schwab 美國不動產投資信託 Schwab US REIT ETF	6,500	0.070%	2011
USRT	iShares 核心美國不動產投資信託 iShares Core US REIT ETF	2,300	0.080%	2007
FREL	Fidelity MSCI 房地產指數 Fidelity MSCI Real Estate ETF	994	0.084%	2015
URE	ProShares 二倍做多房地產 ProShares Ultra Real Estate	65	0.950%	2007
DRN	Direxion 每日三倍做多房地產 Direxion Daily Real Estate Bull 3X Shares	77	1.010%	2009

ETF 代號	ETF 名稱	規模 （百萬美元）	費用率	成立 年份
REK	ProShares 一倍放空房地產 ProShares Short Real Estate	26	0.950%	2010
SRS	ProShares 二倍放空房地產 ProShares UltraShort Real Estate	39	0.950%	2007
DRV	Direxion 每日三倍放空房地產 Direxion Daily Real Estate Bear 3x Shares	94	1.080%	2009

參考來源：Morningstar 2024.01 ／作者整理

表 7-11-2 房地產類股 ETF 重點成分股

公司名稱 （個股代號）＼ETF	VNQ	XLRE	ICF	IYR	SCHH	USRT	FREL
Prologis Inc （PLD）	●	●	●	●	●	●	●
Equinix Inc （EQIX）	●	●	●	●	●	●	●
Welltower Inc （WELL）	●	●	●	●	●	●	●
Digital Realty Trust Inc（DLR）	●	●	●	●	●	●	●
Public Storage （PSA）	●	●	●	●	●	●	●
Simon Property Group Inc（SPG）	●	●	●	●	●	●	●
Realty Income Corp（O）	●	●	●	●	●	●	●
American Tower Corp（AMT）	●	●	●	●	●		●
Crown Castle Inc （CCI）	●	●	●	●	●		●
CoStar Group Inc （CSGP）	●	●		●			●

參考來源：Morningstar 2024.01 ／作者整理，取占比前十名內主要共同成分股

表 7-11-3 房地產類股 ETF 重點成分股公司簡介

公司名稱 （個股代號）	公司市值 （百萬美元）	簡介
Prologis Inc （PLD）	120,380	世界最大的物流 REIT 公司，專注於高門檻及高成長的市場，包含港口和機場等物業的租賃管理，投資遍布全球。在 2022 年併購一間知名的工業房地產投資信託公司 Duke Realty Corp，維持優勢地位，也是房地產 ETF 中的重點成分股。
Equinix Inc （EQIX）	74,630	全球知名的數據基礎設施營運 REIT 公司，為數據中心的經營提供儲存空間和營運平台還有設備等相關服務。除了美洲以外，在歐洲、非洲、中東及亞太地區都有營運據點。
Welltower Inc （WELL）	49,090	以醫療保健產業相關不動產為主的 REIT 公司，包含醫院、醫療辦公大樓、醫學研究中心、長照中心、退休者社區等。
Digital Realty Trust In（DLR）	39,910	以數據中心為主的 REIT 公司，提供相關一系列的基礎設施和互聯網解決方案，目前在全球營運三百個多個數據中心。
Public Storage （PSA）	52,780	美國最大的自助倉儲物業 REIT 公司。在美國 40 個州有超過 2,000 個自助倉儲設施，也涉及歐洲自助倉儲市場。
Simon Property Group Inc （SPG）	45,760	以北美零售賣場、購物中心等物業為主的 REIT 公司，另外也投資全球不動產。
Realty Income Corp（O）	41,760	在美國 49 州擁有超過 13,000 處房產，出租給各行各業的客戶，另外也持續在增加資產的收購中。
American Tower Corp（AMT）	100,440	電信通訊基礎建設 REIT 集團，出租電塔天線據點給不同無線通訊廠商和相關的租賃服務。在美洲、歐洲、非洲及亞洲營運超過 220,000 個基地台，營收有一半來自美國。
Crown Castle Inc（CCI）	49,440	美國三大基地台基礎建設租賃服務的 REIT 集團之一，以美國為主要市場。
CoStar Group Inc（CSGP）	33,250	商業房地產數據分析供應商，提供超過 500 萬個商業房產的市場資訊及分析，包含商辦、住宅和自助倉儲等物業訊息。

參考來源：Morningstar 2024.01 ／作者整理

　　另外，透過全球房地產類股 ETF 可以捕捉到一些國際房地產看漲的市場，不只美國市場，也能投資日本、澳洲、新加坡、英國、中國、德國、瑞典、加拿大、印度和阿拉伯聯合大公國等地區的房地產市場。例如不含美國市場的整體國際市場 ETF 有 VNQI 和 RWX。

　　根據 Morningstar 網站 2024 年一月的數據顯示，VNQI 的投資區域成分占比前五名分別為日本（24%）、澳洲（11%）、香港（8%）、新加坡（7%）和英國（6%），而 RWX 的前五名為日本（32%）、英國（12%）、新加坡（10%）、澳洲（9%）和香港（6%）。基本上這兩檔的前五名區域相同，只是占比不同，顯示這些地區目前具有投資潛力和可期待的市場前景。

表 7-11-4 全球房地產類股 ETF

ETF 代號	ETF 名稱	規模 （百萬美元）	費用率	成立 年份
VNQI	Vanguard 全球不含美國房地產 Vanguard Global ex-U.S. Real Estate Index Fund	3,500	0.120%	2010
REET	iShares 全球不動產投資信託 iShares Global REIT ETF	3,400	0.140%	2014
RWO	SPDR 道瓊全球房地產 SPDR Dow Jones Global Real Estate ETF	1,200	0.500%	2008
RWX	SPDR 道瓊國際房地產（不含美國） SPDR Dow Jones International Real Estate ETF	321	0.590%	2006

參考來源：Morningstar 2024.01 ／作者整理

數位時代崛起，除了傳統房地產的住宅、辦公大樓和商業百貨等，因應社會無線通訊的普及化，通訊電塔、數據中心相關房地產的需求都有增長，因此近年相關的 ETF 也陸續上市。

表 7-11-5 數據中心及數位基礎設施房地產 ETF

ETF 代號	ETF 名稱	規模 （百萬美元）	費用率	成立 年份
SRVR	Pacer 數據和基礎設施房地產 Pacer Data & Infrastructure Real Estate ETF	518	0.550%	2018
VPN	Global X 數據中心 REITs 與數位基礎設施 Global X Data Center REITs & Digital Infrastructure ETF	50	0.500%	2020

參考來源：Morningstar 2024.01 ／作者整理

第 8 章

參與個別經濟成長：
區域型 ETF

　　區域型 ETF 讓投資者能夠針對個別國家或多個地區範圍的經濟市場進行投資。每個地區的經濟發展階段和優勢都不一樣，地區的條件也會隨著世界的競爭和環境的變化不斷地改變。我們可以觀察不同地區的發展，選擇具成長潛力的市場。

8-1

區域型的
投資市場分類

　　除了產業投資以外，投資人也能透過區域型 ETF 參與不同國家或地區的經濟發展，例如近年有不少科技大廠選擇到東南亞及南美洲設廠，讓這些地區國家的經濟增色不少。我們可以運用一些參考指標找到具潛力的市場，目前在區域型 ETF 中常見的追蹤指數大多來自 MSCI。MSCI 是全球知名的「指數」編製公司之一，原名為摩根史坦利資本國際公司，後來更名為明晟公司，它所編製的指數也可稱作「摩根指數」、「大摩指數」或是「明晟指數」，其他國際知名指數編製公司還有富時（FTSE Group）和標普全球（S&P Global）。

　　MSCI 以各地區的經濟發展、規模、流動性和開放程度等標準做衡量，在每年六月會公布全球各國市場股票的評估結果，提供客戶作為投資決策的參考。根據經濟發展階段的不同，MSCI 將市場分為前沿市場（Frontier Market）、新興市場（Emerging Market）、成熟市場（Developed Market）和獨立市場（Standalone Market）。

MSCI 的市場分類架構主要以三個標準來評估：

1. **經濟發展**：評估經濟發展的永續性。此項僅用於確認成熟市場的分類，其市場的人均收入需連續三年符合門檻。

2. **規模和流動性要求**：相關證券需符合 MSCI 全球標準指數（MSCI Global Standard Indexes）的最低投資標準。

3. **市場開放性**：目前以五個標準條件來評估特定股票市場的國際投資經驗，包含外資持股的開放程度、資金進出的便利性、架構運作的效率、投資工具的選擇性和體制結構的穩定度。

表 8-1-1 MSCI 市場分類

成熟市場		
美洲	歐洲、中東	太平洋
美國、加拿大	奧地利、比利時、丹麥、芬蘭、法國、德國、愛爾蘭、以色列、義大利、荷蘭、挪威、葡萄牙、西班牙、瑞典、瑞士、英國	澳洲、香港、日本、紐西蘭、新加坡

新興市場		
美洲	歐洲中東、非洲	亞洲
巴西、智利、哥倫比亞、墨西哥、祕魯	捷克、埃及、希臘、匈牙利、科威特、波蘭、卡達、沙烏地阿拉伯、南非、土耳其、阿拉伯聯合大公國	中國、印度、印尼、南韓、馬來西亞、菲律賓、台灣、泰國

前沿市場			
歐洲	非洲	中東	亞洲
克羅埃西亞、愛沙尼亞、冰島、立陶宛、哈薩克、羅馬尼亞、塞爾維亞、斯洛維尼亞	肯亞、模里西斯、摩洛哥、奈及利亞、突尼西亞、西非經濟貨幣聯盟	巴林、約旦、阿曼	孟加拉國、巴基斯坦、斯里蘭卡、越南

參考來源：MSCI 2023.11

前沿市場的人均收入和經濟發展較落後，而新興市場是具備基礎建設和工業發展能力，但人均收入還處在中低水準，屬於成長型市場也是最受投資界關注的市場。成熟市場的經濟發展較完整，人均收入普遍較高，但成長幅度較新興市場趨緩。獨立市場情況較特殊，通常資訊透明度和政治穩定度低，較不適合投資，所以不細列在表 8-1-1 的 MSCI 市場分類中。例如俄羅斯原來屬於新興市場，但在 2022 年發生烏俄戰爭後，MSCI 將俄羅斯從新興市場調整為獨立市場，市場上兩支俄羅斯國家的 ETF，iShares MSCI 俄羅斯（代號：ERUS）和 VanEck 俄羅斯（代號：RSX）也都相繼清算下市。

8-2

最具成長潛力的
新興市場

　　按經濟階段分類的市場以新興市場 ETF 的選擇較多。比較不同的新興市場 ETF 會發現它們前十名共同成分股相當接近，目前以費用率較低的 VWO 較受市場青睞，規模最大。台灣也屬於新興市場，因此在相關成分股中也有台灣公司的蹤跡。其他受矚目的新興市場還有金磚國家，原為金磚四國（巴西、俄羅斯、印度、中國），後來南非加入成為金磚五國，陸續還在增加中。

　　在 2023 年的金磚國家峰會上，阿根廷、埃及、衣索比亞、伊朗、沙烏地阿拉伯、阿拉伯聯合大公國獲邀成為金磚國家成員，預估會在 2024 年生效。投資市場因看好金磚四國的經濟前景，因此市場也有 iShares MSCI 金磚四國 ETF（代號：BKF）的選擇，只是在烏俄戰爭發生後，原本的四國已少了俄羅斯變成三國，未來還是要繼續觀察國際情勢的變化。

表 8-2-1 新興市場 ETF

ETF 代號	ETF 名稱	規模 （百萬美元）	費用率	成立年份
VWO	Vanguard FTSE 新興市場 Vanguard FTSE Emerging Markets ETF	73,400	0.080%	2005
IEMG	iShares 核心 MSCI 新興市場 iShares Core MSCI Emerging Markets ETF	73,500	0.090%	2012
EEM	iShares MSCI 新興市場 iShares MSCI Emerging Markets ETF	17,500	0.700%	2003

參考來源：Morningstar 2024.01 ／作者整理

　　從表 8-2-2 新興市場 ETF 重點成分股來看，目前投資主要集中在中國和印度，常見的產業為科技、電商和金融業。這些巨頭企業如果能夠維持領先優勢和高獲利成長，就能持續受到市場的青睞，在相關 ETF 成分股中保有一席之地。

表 8-2-2 新興市場 ETF 重點成分股

地區和公司名稱＼ETF	VWO	IEMG	EEM
台灣／TSMC	●	●	●
中國／Tencent	●	●	●
中國／Alibaba Group	●	●	●
印度／Reliance Industries	●	●	●
印度／Infosys	●	●	●
印度／HDFC Bank	●	●	●
中國／PDD Holdings Inc	●	●	●
韓國／Samsung Electronics Co		●	●
印度／ICICI Bank		●	●

參考來源：Morningstar 2024.01 ／作者整理，取占比前十名內主要共同成分股

8-3

不同地區的金雞母公司

　　在察看區域型 ETF 的成分股時，也能從中發現了解各地區的產業主力，像是台灣的台積電半導體製造商、荷蘭的艾司摩爾先進半導體設備供應商、新加坡的星展銀行、香港的友邦保險，瑞士的雀巢食品公司、丹麥的諾和諾德製藥公司、德國的 SAP 軟體公司、巴西的淡水河谷礦業公司、韓國的三星電子集團、法國的 LVMH 精品集團、南非的納斯帕斯（Naspers Ltd）跨國網路媒體集團等。

　　除了看成分股公司的占比排名外，占比的「分量」也很重要，例如 2023 年十月的 iShares MSCI 台灣 ETF，成分股排名第一的台積電占比約 22%，第二名的鴻海占比約 4%，兩者雖然才差一個名次但占比差五倍以上，因為台積電在台股權值就高達約 27%，而第二名鴻海的台股權值約 3%，兩者本身的規模差距就大。其他還有荷蘭的艾司摩爾公司、瑞士的雀巢公司和丹麥的諾和諾德公司等各國的區域型 ETF 中，占比都超過 20%，是地區的重量級企業。換句話說，從區域

型 ETF 成分股中的「占比」可以看出公司在該地區的價值重要性。

　　當一個地區或國家有一間特別出類拔萃的公司，與其他成分股占比和獲利表現相差甚巨時，與其選擇該區域的 ETF，或許可以考慮選擇將個股納入自己的投資組合。如果是另一種情況，一個地區有很多家優秀且規模差異不大的公司，這時區域型 ETF 就會是合適的選擇，可以一次投資一籃子的高競爭力公司，例如日本有許多業務遍布全球的大型公司，經濟發展均衡，透過日本的區域型 ETF 就可以一次買進這些公司。

　　除了這些重量級明星企業以外，還有另一種金雞母族群，就是還在成長中的公司，它們目前的規模和知名度較低，但有可能成為明日之星。所有的明星公司都不是一夕之間誕生，它們都有由小變大的成長過程，若投資者能有幸參與到這個過程，那擁有的就不只是金雞母，而是超級金雞母。簡單來說，我們一樣可以從 ETF 的成分股中挖掘，從十名以後的成分股尋找那些未來有可能晉級前十名的公司。我們可以根據市場趨勢、公司財務體質和獲利表現等進行評估篩選，並記得在過程中盡量保持客觀。

8-4

綜合及單一區域的 ETF 選擇

　　區域型 ETF 有綜合區域也有單一區域，透過 MSCI 的市場分類可以了解國家和區域階段發展，評估投資的潛力及風險，也可以從這些 ETF 中的成分股挖掘一般不容易認識到的領頭羊公司。

表 8-4-1 亞洲和太平洋區域 ETF

ETF 代號	ETF 名稱	規模（百萬美元）	費用率	成立年份
VPL	Vanguard FTSE 太平洋區域 Vanguard FTSE Pacific ETF	6,700	0.080%	2005
IPAC	iShares 核心 MSCI 太平洋區域 iShares Core MSCI Pacific ETF	1,800	0.090%	2014
AIA	iShares 亞洲 50 指數 iShares Asia 50 ETF	1,400	0.500%	2007
AAXJ	iShares MSCI 全亞洲不含日本 iShares MSCI All Country Asia ex Japan ETF	2,400	0.700%	2008

參考來源：Morningstar 2024.01 ／作者整理

太平洋區域 ETF 的 VPL 和 IPAC 主要成分股以澳洲和日本公司居多，像是日本的豐田汽車（Toyota Motor Corp）、索尼（Sony）、三菱日聯金融集團（Mitsubishi UFJ Financial Group）、基恩斯（Keyence Corp）和東京威力科創（Tokyo Electron Ltd），澳洲則持有必和必拓、澳洲聯邦銀行（Commonwealth Bank of Australia）、CSL 集團公司等。亞洲區域 ETF 的 AIA 和 AAXJ 主要成分股以中國公司居多，像是中國的騰訊、阿里巴巴、香港友邦保險、中國建設銀行等。

表 8-4-2 亞洲單一區域 ETF

ETF 代號	ETF 名稱	規模 （百萬美元）	費用率	成立 年份
EWJ	iShares MSCI 日本 iShares MSCI Japan ETF	13,800	0.500%	1996
MCHI	iShares MSCI 中國 iShares MSCI China ETF	5,800	0.590%	2011
FXI	iShares 中國大型股 iShares China Large-Cap ETF	4,300	0.740%	2004
GXC	SPDR 標普中國指數 SPDR S&P China ETF	732	0.590%	2007
EWY	iShares MSCI 南韓 iShares MSCI South Korea ETF	4,100	0.590%	2000
INDA	iShares MSCI 印度 iShares MSCI India ETF	7,900	0.650%	2012
EIDO	iShares MSCI 印尼 iShares MSCI Indonesia ETF	426	0.590%	2010
EWS	iShares MSCI 新加坡 iShares MSCI Singapore ETF	487	0.500%	1996
EWT	iShares MSCI 台灣 iShares MSCI Taiwan ETF	3,700	0.590%	2000

ETF 代號	ETF 名稱	規模 (百萬美元)	費用率	成立 年份
EWH	iShares MSCI 香港 iShares MSCI Hong Kong ETF	578	0.500%	1996
VNM	VanEck 越南 VanEck Vietnam ETF	527	0.660%	2009
THD	iShares MSCI 泰國 iShares MSCI Thailand ETF	283	0.590%	2008
EWM	iShares MSCI 馬來西亞 iShares MSCI Malaysia ETF	237	0.500%	1996
EPHE	iShares MSCI 菲律賓 iShares MSCI Philippines ETF	98	0.590%	2010
KSA	iShares MSCI 沙烏地阿拉伯 iShares MSCI Saudi Arabia ETF	807	0.740%	2015
EIS	iShares MSCI 以色列 iShares MSCI Israel ETF	133	0.590%	2008
PAK	Global X MSCI 巴基斯坦 Global X MSCI Pakistan ETF	34	0.800%	2015
TUR	iShares MSCI 土耳其 iShares MSCI Turkey ETF	179	0.590%	2008

參考來源：Morningstar 2024.01 ／作者整理

表 8-4-3 歐洲綜合區域 ETF

ETF 代號	ETF 名稱	規模 (百萬美元)	費用率	成立 年份
VGK	Vanguard FTSE 歐洲 Vanguard FTSE Europe ETF	18,500	0.110%	2005
EZU	iShares MSCI 歐元區 iShares MSCI Eurozone ETF	6,900	0.510%	2000
IEUR	iShares 核心 MSCI 歐洲 iShares Core MSCI Europe ETF	4,100	0.110%	2014
IEV	iShares 歐洲 iShares Europe ETF	1,600	0.670%	2000

參考來源：Morningstar 2024.01 ／作者整理

表 8-4-4 歐洲綜合區域 ETF 主要成分股

公司名稱（個股代號）＼ETF	VGK	EZU	IEUR	IEV
荷蘭／ASML	●	●	●	●
法國／LVMH	●	●	●	●
德國／SAP	●	●	●	●
瑞士／Nestle	●		●	●
法國／TotalEnergies	●	●	●	
丹麥／Novo Nordisk	●		●	●
瑞士／Roche	●		●	●
荷蘭／Shell PLC	●		●	●
瑞士／Novartis	●		●	●
英國／AstraZeneca PLC	●		●	●

參考來源：Morningstar 2024.01 ／作者整理，取占比前十名內主要共同成分股

　　歐洲區域 ETF 的主要成分股有荷蘭的艾司摩爾半導體領先供應商、法國的 LVMH 精品集團、法國的 TotalEnergies 石油公司（歐洲市值最大）、瑞士的雀巢食品公司、瑞士的羅氏（Roche）醫藥研發生產商、荷蘭的殼牌（Shell PLC）石油公司（全球第二大石油公司）、瑞士的諾華（Novartis）跨國製藥及生技公司、英國的阿斯特捷利康（AstraZeneca）製藥公司和匯豐（HSBC）銀行、丹麥的諾和諾德製藥公司，還有德國 SAP 軟體公司。

表 8-4-5 歐洲單一區域 ETF

ETF 代號	ETF 名稱	規模 （百萬美元）	費用率	成立 年份
EWU	iShares MSCI 英國 iShares MSCI United Kingdom ETF	2,700	0.500%	1996
EWG	iShares MSCI 德國 iShares MSCI Germany ETF	1,000	0.500%	1996

ETF 代號	ETF 名稱	規模 （百萬美元）	費用率	成立 年份
EWL	iShares MSCI 瑞士 iShares MSCI Switzerland ETF	1,300	0.500%	1996
EWQ	iShares MSCI 法國 iShares MSCI France ETF	658	0.500%	1996
EWD	iShares MSCI 瑞典 iShares MSCI Sweden ETF	318	0.540%	1996
EWP	iShares MSCI 西班牙 iShares MSCI Spain ETF	842	0.500%	1996
EWI	iShares MSCI 義大利 iShares MSCI Italy ETF	279	0.500%	1996
EWO	iShares MSCI 奧地利 iShares MSCI Austria ETF	59	0.500%	1996
EDEN	iShares MSCI 丹麥 iShares MSCI Denmark ETF	244	0.530%	2012
EWN	iShares MSCI 荷蘭 iShares MSCI Netherlands ETF	215	0.500%	1996
NORW	Global X MSCI 挪威 Global X MSCI Norway ETF	52	0.500%	2010
ENOR	iShares MSCI 挪威 iShares MSCI Norway ETF	33	0.530%	2012
EPOL	iShares MSCI 波蘭 iShares MSCI Poland ETF	264	0.590%	2010
EIRL	iShares MSCI 愛爾蘭 iShares MSCI Ireland ETF	98	0.500%	2010
EWK	iShares MSCI 比利時 iShares MSCI Belgium ETF	18	0.500%	1996
EFNL	iShares MSCI 芬蘭 iShares MSCI Finland ETF	20	0.560%	2012
PGAL	Global X MSCI 葡萄牙 Global X MSCI Portugal ETF	8	0.610%	2013

參考來源：Morningstar 2024.01 ／作者整理

表 8-4-6 其他區域（美洲、大洋洲和非洲等地區）ETF

ETF 代號	ETF 名稱	規模 （百萬美元）	費用率	成立 年份
ILF	iShares 拉丁美洲 40 iShares Latin America 40 ETF	1,800	0.480%	2001
EWC	iShares MSCI 加拿大 iShares MSCI Canada ETF	3,100	0.500%	1996
EWA	iShares MSCI 澳洲 iShares MSCI Australia ETF	2,100	0.500%	1996
ENZL	iShares MSCI 紐西蘭 iShares MSCI New Zealand ETF	112	0.500%	2010
EWZ	iShares MSCI 巴西 iShares MSCI Brazil ETF	5,900	0.590%	2000
EWW	iShares MSCI 墨西哥 iShares MSCI Mexico ETF	2,000	0.500%	1996
EPU	iShares MSCI 祕魯 iShares MSCI Peru ETF	98	0.590%	2009
ECH	iShares MSCI 智利 iShares MSCI Chile ETF	619	0.590%	2007
EZA	iShares MSCI 南非 iShares MSCI South Africa ETF	314	0.590%	2003

參考來源：Morningstar 2024.01 ／作者整理

第 9 章

投資組合的常見配置：
債券型 ETF

債券是一種常見的投資配置，它的利率通常比定存高，只要選擇信用良好的發行單位就能創造可預期的收益。債市大多數時間與股市走勢的關聯性低，因此股票和債券被視為是投資的互補搭配，在不同的景氣階段做不同比例的股債配置會有降低風險的效果。

9-1
投資不可忽視的
債券市場

　　債券以國家政府和公司發行為大宗，國家政府發行的債券通常稱作公債、國債或是政府債，而公司發行的債券稱為公司債。買債券就是將錢借給發行的政府機構或公司，並從中獲取利息。債券票面上會有向你借多少錢的面額，約定好要給你多少的利率和多久會付一次利息，還有何時會將本金返還的到期日。一般直接投資債券的金額門檻較高，所以債券型 ETF 是另一種更簡便的債券投資管道，可以用小金額買進一籃子的債券分散風險。除了利率，也要留意債券的信用等級和流通性。

　　債券在市場上屬於穩定的投資類型，通常與股市呈現負相關，所以被視為是投資的避險工具之一。股市表現也會到牽動債券市場，當股市大漲時會吸引投資者轉向股市以獲取更高報酬，而債券的吸引力降低會導致債券的價格下跌。相反地，當股市大跌，債券就成為投資者的避風港選項之一，債券的價格就會上漲，但通常市場利率對債券

價格的影響更直接。

　　基本上，投資人從債券得到的實際報酬率可以用票面利率扣掉通膨率計算。換句話說，當物價上漲越多，債券的實際報酬率就越低，因此債券的價值和通膨有一定的關聯。尤其政府為了控制通膨，經常會採用升息或降息策略。例如近年的新冠疫情爆發，美國聯準會大幅降息，然後隨著通膨的高漲又大幅升息，對 20 年期美國公債 ETF（代號：TLT）價格就有相當大幅度的影響，在 2020 年降息時，上漲將近 20%，而在 2022 年升息時下跌了近 30%。因此，許多的投資人買股票的同時也會搭配投資債券，隨著景氣變化和政府政策，做不同比例的股債配置調節風險。

　　彭博美國綜合債券指數（Bloomberg US Aggregate Bond Index）是具代表性的美債總體市場指數之一，主要由投資等級的政府債券和公司債券所組成。在美股有相當規模的「iShares 美國核心綜合債券ＥＴＦ」就是追蹤這檔指數，每個月都有配息，目前殖利率大約 3%，後續章節還有更多美債 ETF 的選擇。

9-2

影響債券價格的因素和風險

　　雖然債券普遍被視為相對穩定的投資,但不同債券之間還是存在風險的差異,因此投資前一定要清楚了解債券產品再下手。一般投資債券需要考量的有利率風險、違約風險和匯率風險。

利率風險

　　「債券面額」是約定好的金額不會改變,但是當債券進入流通市場轉賣時,交易的「債券價格」會隨著市場利率不同而改變。當市場利率>債券約定的利率時,債券的吸引力就會變弱,價格就會下跌;當市場利率<債券票面利率時,債券的吸引力就會提高,價格就會上漲。目前多數債券的約定以固定利率為主,但也有浮動利率的約定,也就是每期的配息利率可能會不一樣。債券以期限分為短期、中期和長期債券,以長期債券的報酬率較高,但價格波動也較大,因為長期的市場變化風險較高。

違約風險

信用關係著債券發行者是否有能力可以按照約定準時支付利息和在到期時返還本金，所以債券發行者的信用品質對投資者來說相當重要。目前國際知名的三大信用評等公司是標準普爾（S&P）、穆迪（Moody's Investors Service）和惠譽（Fitch Ratings Inc），它們會針對國家政府機構或是公司的經營、獲利、財務應變能力、環境趨勢等與償還能力相關的條件給予信用等級。

普遍來說國家政府的信用比公司來得好，但即使是國家政府機構也有違約的風險，尤其是新興國家發生違約的機率就比成熟國家來得高。一般投資者無法一一檢視這些條件，所以信評公司的風險評級是很重要的參考依據，對金融市場有一定的影響力。

根據各家的風險等級，主要分為「投資等級」債券和「非投資等級」債券。信用等級越高的債券越具有避險的特性，但利率通常會比較低，而信用等級較低的單位為了能夠成功借到目標資金，會提供比較高的利率報酬。目前信用評級最高為 AAA 級，公司不管在信用紀錄、財務指標和資產品質方面都要出類拔萃才能獲得此評級。

換句話說，高信用評級公司通常具備良好的償債能力，比較不容易陷入財務困境，破產的機率極低。從另一端來看，低信用評級公司雖然違約率高很多，但報酬率對市場來說相當有吸引力，想投資這部分的人需要好好研究及衡量自己所能承受的風險。

表 9-2-1 債券信用評級

評級分類／ 評級機構	標準普爾	穆迪	惠譽
投資等級	A A A A A + A A A A − A + A A − B B B + B B B B B B −	A a a A a 1 A a 2 A a 3 A 1 A 2 A 3 B a a 1 B a a 2 B a a 3	A A A A A + A A A A − A + A A − B B B + B B B B B B −
非投資等級	B B + B B B B − B + B B − C C C + C C C C C C − C C C D	B a 1 B a 2 B a 3 B 1 B 2 B 3 C a a 1 C a a 2 C a a 3 C a C	B B + B B B B − B + B B − C C C + C C C C C C − C C C D

參考來源：Fidelity Investments

　　在投資債券 ETF 前可以查詢它所持有債券的信用評級分布，了解整體的曝險狀況，例如透過 Morningstar 網站，輸入代號進入到各別的債券 ETF 頁面後點選「Portfolio」，就會顯示詳細的內容，包含債券類型和信用評級分布。如圖 9-2-1 的「Vanguard 全世界債券 ETF」持有近半的政府債券和約 16% 的公司債券，其中近半的債券都是 AAA 級，而整體投資的信用範圍都在投資等級之內。若再點選網頁內的其他項目，還可以看到這支 ETF 持有哪些國家市場的債券和

圖 9-2-1 Vanguard 全世界債券 ETF- 債券類型和信用評級分布

Exposure (vs. Category %)			Bond Breakdown (Credit Quality) (vs. Category %)		
Sectors	Investment %	Cat %	Grades	Investment %	Cat %
Government	49.17	49.90	AAA	48.68	25.93
Municipal	0.25	0.08	AA	14.43	13.46
Corporate	16.52	10.36	A	19.76	26.05
Securitized	10.91	6.96	BBB	16.03	19.98
Cash & Equivalents	1.05	23.84	BB	0.00	4.92
Derivative	22.11	8.86	B	0.00	2.07
			Below B	0.79	0.70
			Not Rated	0.30	6.88

As of Sep 30, 2023 | Category: Global Bond-USD Hedged | Sector data is based on the rescaled long position of the holdings. | Source: Holdings-based calculations.

As of Sep 30, 2023 | Category: Global Bond-USD Hedged | Credit Quality Data is based on the long position of the holdings. | Source: Manager-reported.

圖片來源：Morningstar 2023.09

持有占比。這些資訊都是風險評估的重要參考。

匯率風險

　　對非美國籍投資者來說，國際投資都免不了匯率風險，投資美國債券的收益也會受到美元匯率的影響，投資人雖然賺了利息，但也有可能會賠上匯差。如果債券 ETF 持有不同國家的政府或公司債券，也會受到這些國家的匯率影響，通常貨幣強勢國家的匯率風險較低。

　　有些新興市場和前沿市場的債券利率很吸引人，但除了違約風險以外，因經濟體較脆弱，當遇到狀況時，貨幣可能會有大幅貶值的可能性。因此，在投資債券 ETF 時，可以觀察它持有哪些國家的債券並將相關匯率風險納入考量。

9-3

不同的債券型 ETF 選擇

全球最具代表性的政府公債就數美國公債，它是規模最大且流通性最高的美國債券，主要分為短期、中期和長期。債券到期的時間越長，債券的價格對利率的變化就越敏感。

表 9-3-1 政府債券（公債）ETF

ETF 代號	ETF 名稱	規模 （百萬美元）	費用率	成立 年份
GOVT	iShares 美國公債 iShares US Treasury Bond ETF	22,600	0.050%	2012
SHY	iShares 1–3 年期美國公債 iShares 1-3 Year Treasury Bond ETF	25,300	0.150%	2002
SHV	iShares 短期美國公債 iShares Short Treasury Bond ETF	18,600	0.150%	2007
VGSH	Vanguard 短期美國公債 Vanguard Short-Term Treasury ETF	22,300	0.040%	2009
IEI	iShares 3–7 年期美國公債 iShares 3-7 Year Treasury Bond ETF	13,000	0.150%	2007

ETF 代號	ETF 名稱	規模 (百萬美元)	費用率	成立 年份
IEF	iShares 7–10 年期美國公債 iShares 7-10 Year Treasury Bond ETF	27,300	0.150%	2002
VGIT	Vanguard 中期美國公債 Vanguard Intermediate-Term Treasury ETF	21,800	0.040%	2009
TLT	iShares 20 年期以上美國公債 iShares 20+ Year Treasury Bond ETF	49,600	0.150%	2002
VGLT	Vanguard 長期美國公債 Vanguard Long-Term Treasury ETF	10,700	0.040%	2009
UST	ProShares 二倍做多 7–10 年期美國公債 ProShares Ultra 7-10 Year Treasury	18	0.950%	2010
UBT	ProShares 二倍做多 20 年期以上美國公債 ProShares Ultra 20+ Year Treasury	88	0.950%	2010
TMF	Direxion 每日三倍做多 20 年期以上美國公債 Direxion Daily 20+ Year Treasury Bull 3X Shares	4,700	1.060%	2009
TBX	ProShares 一倍放空 7–10 年期美國公債 ProShares Short 7-10 Year Treasury	17	0.950%	2011
PST	ProShares 二倍放空 7–10 年期美國公債 ProShares UltraShort 7-10 Year Treasury	19	0.950%	2008
TYO	Direxion 每日三倍放空 7–10 年期美國公債 Direxion Daily 7-10 Year Treasury Bear 3X Shares	19	1.070%	2009
TBF	ProShares 一倍放空 20 年期以上美國公債 ProShares Short 20+ Year Treasury	93	0.920%	2009

ETF 代號	ETF 名稱	規模 (百萬美元)	費用率	成立 年份
TBT	ProShares 二倍放空 20 年期以上美國公債 ProShares UltraShort 20+ Year Treasury	401	0.900%	2008
TTT	ProShares 三倍放空 20 年以上美國公債 ProShares UltraPro Short 20+ Year Treasury	38	0.990%	2012
TMV	Direxion 每日三倍放空 20 年期以上美國公債 Direxion Daily 20+ Year Treasury Bear 3X Shares	189	1.010%	2009

參考來源：Morningstar 2024.01／作者整理

表 9-3-2 公司債券 ETF

ETF 代號	ETF 名稱	規模 (百萬美元)	費用率	成立 年份
VCSH	Vanguard 短期公司債券 Vanguard Short-Term Corporate Bond ETF	35,300	0.040%	2009
VCIT	Vanguard 中期公司債券 Vanguard Intermediate-Term Corporate Bond ETF	44,800	0.040%	2009
VCLT	Vanguard 長期公司債券 Vanguard Long-Term Corporate Bond ETF	6,700	0.040%	2009
VTC	Vanguard 總體公司債券 Vanguard Total Corporate Bond ETF	932	0.040%	2017

參考來源：Morningstar 2024.01／作者整理

表 9-3-3 綜合債券 ETF

ETF 代號	ETF 名稱	規模 （百萬美元）	費用率	成立 年份
AGG	iShares 核心美國綜合債券 iShares Core U.S. Aggregate Bond ETF	100,800	0.030%	2003
BND	Vanguard 總體債券市場 Vanguard Total Bond Market ETF	104,600	0.030%	2007
BNDX	Vanguard 總體國際債券（不含美國） Vanguard Total International Bond ETF	54,500	0.070%	2013
FBND	Fidelity 總體債券主動型 Fidelity Total Bond ETF	6,700	0.360%	2014
BNDW	Vanguard 全世界債券 Vanguard Total World Bond ETF	637	0.050%	2018
EMB	iShares J.P. Morgan 新興市場美元債券 iShares J.P. Morgan USD Emerging Markets Bond ETF	16,300	0.390%	2007
VWOB	Vanguard 新興市場政府債券 Vanguard Emerging Markets Government Bond ETF	3,600	0.200%	2013
BSV	Vanguard 短期債券 Vanguard Short-Term Bond ETF	31,800	0.040%	2007
BIV	Vanguard 中期債券 Vanguard Intermediate-Term Bond ETF	15,900	0.040%	2007
BLV	Vanguard 長期債券 Vanguard Long-Term Bond ETF	6,200	0.040%	2007

參考來源：Morningstar 2024.01 ／作者整理

除了投資等級債券經常被市場作為分散投資風險的熱門配置外，非投資等級債券也有一大特色——高利率，因而也是投資的熱門話題之一，但是它的風險屬性和投資等級債券截然不同。非投資等級債券

過去稱為「高收益債券」或「垃圾債券」，是許多人更熟悉的名稱，指信用評級在 BBB 以下的債券，但是信評越低，違約機率越高，所以高收益債券實際並無法保證高收益，為了避免誤導投資者，現在統稱為非投資等級債券。

在投資人需要承擔較高的投資風險下，借款機構要提供更高的利率條件才能獲取資金，因此許多非投資等級債券的利率是定存利率的數倍，對市場來說很有吸引力。與具有避險性的投資等級債券不同，非投資等級債券與股市的關聯性高，波動也大且相關 ETF 的費用率也比較高，要謹慎留意。以下為一些非投資等級債券 ETF 參考。

表 9-3-4 非投資等級債券 ETF

ETF 代號	ETF 名稱	規模（百萬美元）	費用率	成立年份
HYG	iShares iBoxx 非投資等級公司債券 iShares iBoxx$ High Yield Corporate Bond	18,000	0.490%	2007
USHY	iShares 美元非投資等級公司債券 iShares Broad USD High Yield Corporate Bond ETF	12,100	0.080%	2017
JNK	SPDR 彭博非投資等級債 SPDR Bloomberg High Yield Bond ETF	8,100	0.400%	2007
HYGV	FlexShares 非投資等級債券指數 FlexShares High Yield Value-Scored Bond Index Fund	1,400	0.370%	2018
SPHY	SPDR 投資組合非投資等級債券 SPDR Portfolio High Yield Bond ETF	3,300	0.050%	2012
FDHY	Fidelity 非投資等級因子主動型 Fidelity High Yield Factor ETF	280	0.450%	2018

ETF 代號	ETF 名稱	規模 （百萬美元）	費用率	成立 年份
WFHY	WisdomTree 美國非投資等級公司債券 WisdomTree U.S. High Yield Corporate Bond Fund	226	0.380%	2016
HYBB	iShares BB 級公司債券 iShares BB Rated Corporate Bond ETF	285	0.250%	2020
GHYG	iShares 美國與國際非投資等級公司債券 iShares US & Intl High Yield Corp Bond ETF	126	0.400%	2012
PGHY	Invesco 全球（美國除外）非投資等級 公司債券 Invesco Global ex-US High Yield Corporate Bond ETF	132	0.350%	2013
IHY	VanEck 國際非投資等級債（不含美國） VanEck International High Yield Bond ETF	39	0.400%	2012
HYXU	iShares 國際非投資等級公司債券（不 含美國） iShares International High Yield Bond ETF	49	0.400%	2012
UJB	ProShares 二倍做多非投資等級 ProShares Ultra High Yield	19	0.960%	2011
SJB	ProShares 一倍放空非投資等級 ProShares Short High Yield	134	0.950%	2011

參考來源：Morningstar 2024.01 ／作者整理

9-4

組合式選擇：
股票債券型 ETF

　　股票搭配債券是常見的資產分散風險配置之一，但對資金較少且對相關投資了解不深的投資者來說，操作起來麻煩又複雜，因此市場推出了股債型 ETF，讓投資者能按自己的風險承受度，選擇一檔股票加債券的 ETF 投資組合。以股票占比越高代表風險承受度越高，投資越積極，而債券占比越高代表風險承受度較低，傾向以穩健保守方式投資發展。

　　市場目前以安碩的四檔股債型 ETF 知名度較高，如表 9-4-1，但其 ETF 的成分並不是直接由股票和債券所組成，而是由同品牌的七個 ETF 按不同比例組合，ETF 代號分別為 IVV 、IJH 、IJR 、IEMG 、IDEV 、IAGG 和 IUSB，涵蓋國際價值股、成長股、公債、公司債、新興市場和成熟市場等多元投資。只要選出自己可承受風險程度的股債配置比例所對應的 ETF 即可。

表 9-4-1 股債型 ETF

ETF 代號	ETF 名稱	「股票：債券」投資配置比例	規模 (百萬美元)	費用率	成立年份
AOA	iShares 核心積極配置 iShares Core Aggressive Allocation ETF	80%：20%	1,900	0.150%	2008
AOR	iShares 核心成長配置 iShares Core Growth Allocation ETF	60%：40%	2,200	0.150%	2008
AOM	iShares 核心穩健配置 iShares Core Moderate Allocation ETF	40%：60%	1,400	0.150%	2008
AOK	iShares 核心保守配置 iShares Core Con ser-vative Allocation ETF	30%：70%	730	0.150%	2008

參考來源：Morningstar 2024.01 ／作者整理

　　這四檔 ETF 以 AOA 和 AOR 的股票成分占比較高，而 AOM 和 AOK 則是債券成分占比較高。目前全部都有配息，平均殖利率大約 2%，其中 AOA、AOR 和 AOM 為季配息，AOK 則為月配息。

　　除了配息以外，股債型 ETF 還有自動定期「再平衡」的優勢，也就是我們不需要辛苦地設定提醒時間、計算比例和調整投資，ETF 的發行商會定期更新。如先前第 2 章提到，再平衡可以促進投資的穩定獲利。雖然股債平衡的投資配置在短期報酬方面未必能超過大盤或是成長股的表現，但在市場的波動風險下，可以發揮一定的穩定作用，對一些投資者來說更重要。

表 9-4-2 股債型 ETF 報酬率比較

報酬計算期間／ ETF	AOA	AOR	AOM	AOK
近 3 個月 報酬率	8.98%	8.70%	7.97%	7.73%
近 1 年 報酬率	12.40%	10.02%	7.71%	6.49%
近 5 年 年化報酬率	8.90%	7.02%	5.10%	4.13%

參考來源：Morningstar 2024.01 ／作者整理

　　從表 9-4-2 的報酬率來看，近年以股票占比較高的 AOA 報酬率最好，債券占比較高的 AOK 則表現最差，但這並不代表未來都會持續這樣發展。關鍵在投資的期間有沒有碰到股市大跌情形，這會使股票占比較高的 ETF 股價下跌較深，若投資期間沒有股市大漲的行情彌補，恢復時間就會很長。債券占比較高的 ETF 雖然在多頭行時期的獲利可能不及股票的成長，但萬一面臨股市災難時，表現會相較穩定。投資者可以衡量自身條件和市場景氣的趨勢，在不同階段做合適的配置選擇。

第 10 章

從國際脈動看見
外匯契機：貨幣型 ETF

全球市場競爭激烈，各國的貨幣政策和貿易局勢對世界經濟有廣泛的影響。有些貨幣具有避險特性，有些則具有商品特性。當我們了解不同貨幣的特性，就能依據國際市場的趨勢變化，透過貨幣型 ETF 參與外匯投資。

10-1

不同貨幣的特性也不一樣

　　在投資領域常聽到外匯這兩個字，外匯市場指的就是貨幣交易市場，目前全球外匯最活絡的市場在美國紐約芝加哥交易所。許多人對外匯投資一探究竟後會對它的複雜度和困難度感到卻步，感覺需要投入很多時間來熟悉和適應，但有了貨幣型 ETF 後，外匯投資的手續更方便，只要關心國際市場的趨勢脈動就可以像股票一樣進出交易，也可以選擇一籃子貨幣分散投資風險。貨幣不僅是經濟交易的媒介，也提供一種價值衡量的標準，它的價值主要以供應和需求來決定。

　　只要有匯率的波動就有賺錢的機會，常見影響貨幣匯率的因素有政治因素、利率、通貨膨脹、就業數據、貨幣政策和貿易情況等。貨幣型 ETF 可以持有貨幣現金或是相關衍生性金融商品像是遠期（Forward）合約、掉期（Swap）合約、期貨（Futures）合約等，例如可以透過 Morningstar 網站，在首頁的搜尋框裡輸入 ETF 代號，進入頁面後點選「Portfolio」就會顯示該 ETF 的內容。

　　貨幣型 ETF 的選擇大多集中在成熟國家，都是市場資訊和政策比較公開透明地區的貨幣。世界的主流貨幣以經濟大國為主，包含美元、歐元、英鎊、日圓，在國際貿易中具有相當的分量，所以這些國家的政策和利率變動會對全球經濟和外匯市場造成一定的影響。目前全球的領導貨幣是美元，因此外匯市場最重要的焦點是「美元指數」，它是由美元對六種國際主要貨幣（歐元、日圓、英鎊、加幣、瑞士法郎、瑞典克朗）的匯率進行計算而來的指數。美元匯率反映著全球資金進出美國的情況，投資人可以從中看出一些全球經濟發展趨勢的端倪。市場尤其關注聯準會所發布的訊息來判斷美元匯率的走勢，特別是決定貨幣政策的 FOMC 會議結果公布。

　　身為國際貨幣之一的歐元目前是歐洲 20 國家的貨幣聯盟，大部分的歐盟國家都使用歐元但不是全部，關注歐元就要留意歐洲央行（European Central Bank, ECB）所發布的政策。英鎊是世界前五大的流通貨幣之一，可留意英國央行（Bank of England, BOE）的公開訊息。日圓是世界重要的流通貨幣，同時也是避險貨幣，日本央行也稱作日本銀行（Bank of Japan, BOJ），與美國同樣每年會舉行八次的貨幣政策會議。

　　當中央銀行調高利率，採取貨幣緊縮政策時，通常會使匯率上升；相反的，當中央銀行採取貨幣寬鬆政策並降低利率時，匯率就容易下跌。例如在 2022 年聯準會積極升息，Invesco 德銀做多美元指數 ETF 在當年度就上漲了近 10%，當聯準會要降息時，投資人就可以評估綜合因素，考慮放空美元的 ETF 選項。

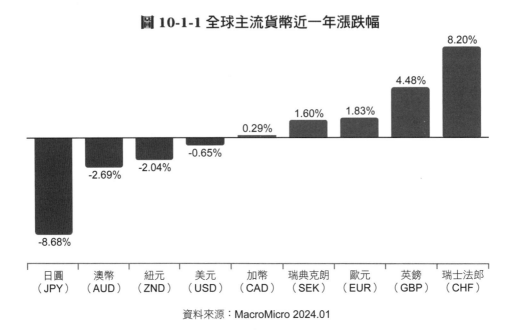

圖 10-1-1 全球主流貨幣近一年漲跌幅

資料來源：MacroMicro 2024.01

　　此外，有些成熟國家的貨幣具有避險導向或商品導向的特性。避險導向貨幣是指在某些市場發生危機時，投資者傾向保有這類穩定度較高的貨幣以維持價值，以日圓和瑞士法郎最具代表性，這些貨幣的國家通常具備政治穩定度、高外匯存底、高貿易順差、高流動性、低債務比例和低戰爭風險的條件。

　　日本是經濟貿易強國，日幣不但流通性高，加上日本央行長期實施低利率政策，吸引了不少世界投資人來借低利率的日圓，進行其他更高報酬的投資，從中賺取價差。瑞士則是國際的永久中立國，因為戰爭風險低所以被譽為世上最安全地方，在金融方面對客戶也很保護，採取嚴格的保密措施，成為許多投資人避險存放資金的首選。當經濟疲弱或是地緣政治不穩定時，有利於避險型貨幣。

　　商品導向貨幣主要指以出口原物料為重要經濟來源的國家貨幣，包含澳幣、加幣、紐元。這些貨幣經常會隨著大宗商品價格的起伏而導致匯率的大幅波動，例如澳洲是世界鐵砂礦的最大出口國，在澳洲出口總值中也有很重要的占比，因此鐵砂礦的價格會影響到澳洲的經濟和匯率表現。加拿大的加幣會受到原油和天然氣的出口價格影響，而紐西蘭是農產品的出口大國，所以這些貨幣的匯率會受到相關商品價格影響。全球的經濟變化會牽動外匯市場，在經濟成長時期有利於商品型貨幣，當商品價格因需求上漲時會使出口國家受惠，而商品價格下跌會使進口國家受惠。

　　另外，新興市場貨幣也是外匯市場的熱門主題之一，新興市場是指人均收入處於中下水平，發展還未達一定水準但有潛力成為成熟國家。許多投資人期待能從高潛力的國家貨幣升值中獲利，尤其「金磚四國」（BRIC）的巴西、俄羅斯、印度和中國，但由於這些國家發展還未成熟，常有一些財政體質不佳的問題像是浮濫印鈔、過度舉債、貪腐嚴重等，屬於高風險投資，目前相關 ETF 的選擇還不多且規模也不大。若有興趣，與其選擇單一貨幣投資，可以考慮選擇一籃子新興市場貨幣的 ETF，分散部分風險。

10-2

外匯基礎：
貨幣報價和參考指標

　　投資貨幣型 ETF 也需要外匯基本知識，首先要看懂貨幣報價。當查詢外匯時總有一堆貨幣對貨幣的數字，報價會顯示每一單位的基礎貨幣可以兌換多少計價貨幣，在前面的是基礎貨幣（Base currency），後面是計價貨幣（Quote currency），例如「EUR 歐元／USD 美元＝ 1.07」就代表一歐元可以兌換 1.07 美元，「USD 美元／JPY 日圓＝ 133.05」代表一美元可以兌換 133.05 日圓。

　　貨幣報價可分為「直接報價」和「間接報價」，直接報價是一單位的外幣能夠兌換多少美元，目前只有英鎊（GBP）、歐元（EUR）、澳幣（AUD）及紐幣（NZD）採用這種報價，例如 GBP ／ USD ＝ 1.247，一英鎊可以兌換 1.247 美元。其他貨幣則使用間接報價，也就是一單位的美元能夠兌換多少外幣，例如 USD ／ CAD ＝ 1.347，一美元可以兌換 1.347 加幣。

外匯投資可以參考基本面和技術面，外匯的基本面主要有政策和經濟因素，包含利率、GDP、消費者物價指數、採購經理人指數、初次申請失業救濟金人數、非農就業數據等。當經濟數據表現優於預期時，貨幣就容易升值，但同時可能也會產生通膨情形。相反的，當經濟數據表現疲軟時，貨幣也較容易貶值。不管好壞，只要經濟有超乎預期的發展趨勢出現時，政府經常會祭出調節政策，目標使經濟回到穩定的軌道上。因此，經濟數據和政策風向兩者最好並重參考，數據是已經發生的軌跡，而政策掌舵未來的經濟發展。

技術面是價格走勢的分析，國際主要的交易貨幣都有相關的貨幣指數可以參考，可以利用像是移動平均線指標、MACD 指標、KD 指標、RSI 指標等評估交易的時機。關於經濟和技術指標這兩個部分可回顧第 3 章的介紹說明，多善用這些工具為自己的投資加分。

表 10-2-1 國際主要貨幣和相關指數代號

國際主要貨幣	美元	歐元	日圓	英鎊	澳幣	加幣
貨幣代號	USD	EUR	JPY	GBP	AUD	CAD
貨幣指數代號	DXY	EXY	JXY	BXY	AXY	CXY

國際主要貨幣	瑞士法郎	紐幣	人民幣
貨幣代號	CHF	NZD	RMB
貨幣指數代號	SXY	ZXY	RXY

參考來源：Morningstar ／作者整理

10-3

主要貨幣的 ETF 投資選項

　　貨幣型 ETF 的費用率較高且規模普遍不大，通常不適合長期投資，但可以把握短期的投資機會。綜合貨幣 ETF 以具成長潛力的新興市場貨幣最受矚目，投資一籃子的新興市場貨幣雖然有助於分散風險，但這些地區的貨幣穩定度低，波動幅度大，其中的變動也會影響到 ETF 的整體表現，尤其在規模和交易量很小的情況下，投資需要審慎留意及密切追蹤。貨幣型 ETF 市場規模重心主要放在世界大國的單一貨幣操作，因此可以觀察這些國家的貿易政策、利率和經濟情況，順勢參與投資。

表 10-3-1 綜合貨幣 ETF

ETF 代號	ETF 名稱	規模（百萬美元）	費用率	成立年份
CEW	WisdomTree 新興市場貨幣策略 WisdomTree Emerging Currency Strategy ETF	21	0.550%	2009

參考來源：Morningstar 2024.01／作者整理

表 10-3-2 美元 ETF

ETF 代號	ETF 名稱	規模 (百萬美元)	費用率	成立年份
UUP	Invesco 德銀做多美元指數 Invesco DB US Dollar Bullish	363	0.750%	2007
USDU	WisdomTree 彭博做多美元 WisdomTree Bloomberg US Dollar Bullish ETF	158	0.500%	2007
UDN	Invesco 德銀放空美元指數 Invesco DB US Dollar Bearish	65	0.750%	2007

參考來源：Morningstar 2024.01 ／作者整理

表 10-3-3 歐元 ETF

ETF 代號	ETF 名稱	規模 (百萬美元)	費用率	成立年份
FXE	Invesco CurrencyShares 歐元 Invesco CurrencyShares Euro Currency	215	0.400%	2005
ULE	ProShares 二倍做多歐元 ProShares Ultra Euro	7	0.980%	2008
EUO	ProShares 二倍放空歐元 ProShares UltraShort Euro	40	0.980%	2008

參考來源：Morningstar 2024.01 ／作者整理

表 10-3-4 日圓 ETF

ETF 代號	ETF 名稱	規模 (百萬美元)	費用率	成立年份
FXY	Invesco CurrencyShares 日圓指數 Invesco CurrencyShares Japanese Yen	304	0.400%	2007
YCL	ProShares 二倍做多日圓 ProShares Ultra Yen	29	0.990%	2008

ETF 代號	ETF 名稱	規模 (百萬美元)	費用率	成立 年份
YCS	ProShares 二倍做空日圓 ProShares UltraShort Yen	25	0.980%	2008

參考來源：Morningstar 2024.01 ／作者整理

表 10-3-5 其他主要國家貨幣 ETF

ETF 代號	ETF 名稱	規模 (百萬美元)	費用率	成立 年份
FXB	Invesco CurrencyShares 英鎊 Invesco CurrencyShares British Pound Sterling ETF	91	0.400%	2006
FXA	Invesco CurrencyShares 澳幣 Invesco CurrencyShares Australian Dollar ETF	76	0.400%	2006
FXC	Invesco CurrencyShares 加幣 Invesco CurrencyShares Canadian Dollar	77	0.400%	2006
FXF	Invesco CurrencyShares 瑞士法郎 Invesco CurrencyShares Swiss Franc	189	0.400%	2006

參考來源：Morningstar 2024.01 ／作者整理

10-4

崛起的
加密貨幣 ETF

　　近年金融市場的加密貨幣話題相當熱絡，雖然比特幣從十幾年前問世至今爭議不斷，但依舊有許多人對它的前景發展抱持著希望，相關的投資商品也在近期登上美國證券交易所，金融機構陸續開始推出加密貨幣相關 ETF。加密貨幣是一種以密碼學原理為基礎的交易貨幣，透過區塊鏈網路來維護和驗證，它不但去中心化，代表不用透過政府或是中央銀行發行，交易的資訊也公開透明但具有匿名性，而且這些資訊不容易被更改。

　　加密貨幣的發展歷史不長，目前占整體金融市場的規模也不大，加上美國在內的很多國家政府監管機構也虎視眈眈，未來加密貨幣相關的法令規則可能還有許多變化，相關的投資還是有一定的風險。

表 10-4-1 加密貨幣 ETF

ETF 代號	ETF 名稱	規模 （百萬美元）	費用率	成立 年份
BITO	ProShares 比特幣策略 ProShares Bitcoin Strategy ETF	1,800	0.950%	2021
XBTF	VanEck 比特幣策略 VanEck Bitcoin Strategy ETF	57	0.760%	2021
BTF	Valkyrie 比特幣策略 Valkyrie Bitcoin Strategy ETF	34	1.200%	2021
BITC	Bitwise 比特幣策略最佳滾動 Bitwise Bitcoin Strategy Optimum Roll ETF	4	0.850%	2023
BITI	ProShares 做空比特幣策略 ProShares Short Bitcoin Strategy ETF	55	0.950%	2022

參考來源：Morningstar 2024.01 ／作者整理

　　表 10-4-1 的策略型 ETF 主要是追蹤相關主題的衍生性金融商品，而在 2024 年一月，美國證券交易委員會新批准了 11 檔現貨比特幣 ETF 上市，如表 10-4-2，也就是這些 ETF 可以直接持有真正的加密貨幣，投資成本也可以降低。由於目前上市時間短和競爭激烈，發行券商們紛紛祭出有條件或期限的費用率優惠，希望能吸引更多資金投入，搶占先機，相關 ETF 的規模和費用率都還有很大的變化空間，因此暫不詳列相關細節。

　　近一批的現貨比特幣 ETF 上市大幅增加了未來其他現貨加密貨幣跟進上市的可能性，例如以太幣 ETF 也受到市場的期待。隨著相關投資產品在美股市場不斷地增加，主流投資市場認為這股趨勢將有助於加密貨幣的發展，但投資人還是要謹慎留意它的本質與風險。

表 10-4-2 現貨比特幣 ETF

ETF 代號	ETF 名稱	ETF 代號	ETF 名稱
IBIT	iShares 比特幣信託 iShares Bitcoin Trust ETF	FBTC	Fidelity Wise Origin 比特幣信託 Fidelity Wise Origin Bitcoin Trust
GBTC	Grayscale 比特幣信託 Grayscale Bitcoin Trust	BTCO	Invesco Galaxy 比特幣 Invesco Galaxy Bitcoin ETF
DEFI	Hashdex 比特幣 Hashdex Bitcoin ETF	BRRR	Valkyrie 比特幣基金 Valkyrie Bitcoin Fund
HODL	VanEck 比特幣信託 VanEck Bitcoin Trust	BTCW	WisdomTree 比特幣基金 WisdomTree Bitcoin Fund
ARKB	ARK 21Shares 比特幣 ARK 21Shares Bitcoin ETF	EZBC	Franklin 比特幣 Franklin Bitcoin ETF
BITB	Bitwise 比特幣 Bitwise Bitcoin ETF		

參考來源：Morningstar 2024.01 ／作者整理

　　加密貨幣 ETF 目前處於發展的初始階段，以相較成熟的比特幣 ETF 為大宗。如果對加密貨幣還不是那麼放心，但對它抱持著正向發展的看法，投資者也可以考慮投資加密貨幣相關公司的 ETF。

表 10-4-3 加密貨幣相關公司 ETF

ETF 代號	ETF 名稱	規模（百萬美元）	費用率	成立年份
BLOK	Amplify 革新型數據共享 Amplify Transformational Data Sharing ETF	1,000	0.750%	2018
LEGR	First Trust Indxx 創新交易及處理 First Trust Indxx Innovative Transaction & Process ETF	102	0.650%	2018

ETF 代號	ETF 名稱	規模 (百萬美元)	費用率	成立 年份
BKCH	Global X 區塊鏈 Global X Blockchain ETF	136	0.500%	2021
WGMI	Valkyrie 比特幣礦商 Valkyrie Bitcoin Miners ETF	70	0.750%	2022
DAPP	VanEck 數位革新 VanEck Digital Transformation ETF	92	0.500%	2021
BLCN	Siren 納斯達克下一代區塊鏈經濟 Siren Nasdaq NexGen Economy ETF	70	0.680%	2018
BITQ	Bitwise 加密行業創新者 Bitwise Crypto Industry Innovators ETF	135	0.850%	2021

參考來源：Morningstar 2024.01 ／作者整理

第 11 章

聚焦特定商機：
主題型 ETF

主題型 ETF 提供新商業模式、新消費趨勢和新技術突破等更靈活多元的投資選項。它的優勢是可以聚焦在當下快速成長的市場，將發展中受益的公司納入投資的籃子裡，但隨著相關趨勢及市場逐漸成熟也會使成長率下降，因此投資者需要持續追蹤發展。

11-1

搜尋多元的
投資主題

　　主題型 ETF（Thematic ETF）是一種靈活的投資法，主要鎖定特定領域或產業而非整體市場，大致可分為趨勢型和概念型。趨勢型主題 ETF 大多投資的是一種未來的結構性改變，像是數位時代的網路發展大幅改變了我們的生活，包含工作模式、社交模式和消費模式等，使周圍誕生許多新的商業模式及相關的投資機會，例如在全球氣候變遷的影響下，潔淨能源和電動車也是備受矚目的發展趨勢，近年已有許多相關 ETF 的選擇。趨勢性主題通常會經歷一段相當吸引投資人的高成長時期，相關的 ETF 也會不斷地增加，但隨著趨勢成熟也會使成長趨緩，主題的熱度降低會導致 ETF 交易量減少，不一定適合長期投資。趨勢性主題的 ETF 具有高潛力但也有風險，需要持續追蹤發展。

　　另一種是比較沒有時效性的概念型主題 ETF，以特定概念或條件篩選彙整出的投資選擇，例如接下來後面會介紹的高股息 ETF 就是

市場長期關注的 ETF 主題，還有像是成立於 2012 年的 VanEck 晨星寬護城河 ETF（代號：MOAT）也受投資者青睞，以實際表現和條件篩選出優勢公司。所謂的護城河就是具有高度競爭優勢的公司，那些優勢就像護城河般守護著公司這座城堡，當護城河越深越寬廣，城堡就越安全。卓越的產品、成本優勢、市場高占有率、品牌價值、公司治理完善、專利和特許執照等都是護城河的加分條件。

主題型 ETF 具有相當的潛力，它的優勢是可以聚焦在當下快速成長的市場，但聚焦的缺點就是缺乏多元性，畢竟沒有一種行業能夠永遠維持高成長，因此主題型 ETF 長期投資下來未必能打敗大盤的績效，需要按各別主題評估到底適合階段性，或是長期性投資。主題型 ETF 涵蓋的領域可以很廣也可以很窄，通常越聚焦，股價波動的幅度也可能會越高。想要投資主題型 ETF 需要先認識主題，再來評估它的成分股跟績效表現，然後還有費用率和整體投資風險的考量，最後要持續追蹤相關主題的發展變化。

在前幾章介紹過的產業型、區域型和貨幣型等 ETF 已涵蓋許多未來趨勢性主題，像是因應氣候變遷的替代能源發展已有一些潔淨能源相關 ETF 出爐，其中還有聚焦在太陽能或風能等發展的 ETF 選項。科技產業這幾十年來已改變人類生活，至今依舊受矚目，尤其人工智慧、雲端運算、網路安全等相關主題的 ETF 也還在增加中。隨著成熟國家的人口老化趨勢形成了銀髮經濟，投資人也看好高齡的日常照護、醫療保健相關產品及設備的發展，評估會有規模性的市場需求。其他受市場矚目的還有金融科技的區塊鏈以及投資熱門的新興市場等，有數不清的潛在商機主題環繞在我們的生活中。

　　每個人的日常生活圈不同，關注的焦點也有限，想要客觀了解新主題的發展，可能需要費心做一點功課，好在現在這部分也有相關的工具可以協助我們，像是總部位於南韓首爾的未來資產集團（Mirae Asset Financial Group），旗下的 Global X ETFs 公司有提供每月定期更新的主題報告，讓人一目了然的主題型分類系統，在報告中也會列出相關方向的表現追蹤，讓投資者可以更快辨識市場的變化及選擇的方向。

　　進入 Global X 的官網首頁 www.globalxetfs.com 後，可以從「Insights」找到每個月會發布的主題型 ETF 評論「Monthly Thematic

圖 11-1-1 Global X 主題分類系統

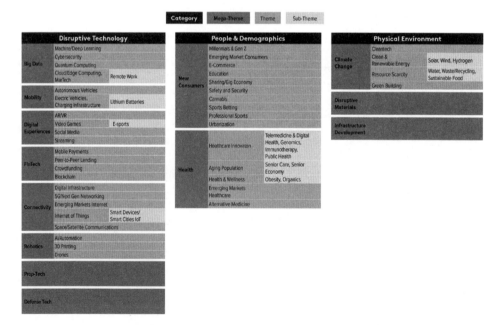

圖片來源：Global X Management Company LLC 2023.12

ETF Commentary」下載報告內容，包含主題型 ETF 列表及表現，作為投資參考。值得留意的是，許多新主題 ETF 因成立時間短，加上很多發展前途還未明，投資前還是要審慎評估風險，因為退燒下市的潮流性主題 ETF 也不少。除了 Global X 公司外，也可以搜尋「MSCI Thematic Investing」參考不同投資主題的指數表現狀況，綜合瀏覽和多比較，避開偏袒廣告自家所推出 ETF 的報告內容，也要小心留意那些還在話題階段，但市場還未真正發展的主題型 ETF，潛藏著投資風險。另外，也可以透過 etf.com 網站的 ETF Lauches* 單元瀏覽不同年份推出的 ETF，作為趨勢變化的參考。

表 11-1-1 多元的主題型 ETF

ETF 代號	ETF 名稱	規模 (百萬美元)	費用率	成立 年份
METV	Roundhill 元宇宙 Roundhill Ball Metaverse ETF	444	0.590%	2021
LUXX	Roundhill 標普全球奢侈品 Roundhill S&P Global Luxury ETF	1	0.450%	2023
ROYA	Tema 全球特許權主動型 Tema Global Royalties ETF	5	0.750%	2023
MUSQ	MUSQ 全球音樂產業 MUSQ Global Music Industry ETF	15	0.780%	2023
AGNG	Global X 老齡化人口 Global X Aging Population ETF	55	0.500%	2016
CLIA	Veridien 氣候行動主動型 Veridien Climate Action ETF	24	0.850%	2023
IBOT	VanEck 機器人 VanEck Robotics ETF	4	0.470%	2023

*ETF Launches：www.etf.com/etf-launches

ETF 代號	ETF 名稱	規模 (百萬美元)	費用率	成立 年份
RNEW	VanEck 綠色基礎設施 VanEck Green Infrastructure ETF	2	0.450%	2022
SMOT	VanEck 晨星 SMID 護城河 VanEck Morningstar SMID Moat ETF	236	0.490%	2022
KPOP	KPOP 和韓國娛樂 KPOP and Korean Entertainment ETF	3	0.750%	2022

參考來源：Morningstar 2024.01 ／作者整理

11-2

投資人關注不墜：
高股息 ETF

　　高股息一直以來都是投資人很關心的主題，美股高股息相關的 ETF 選擇也不少，除了股票成長賺錢以外，大家也希望有源源不絕的股息進帳。台灣有許多的存股族，而且台股也有很多配息不錯的投資選擇，相較下，身為非美國籍投資人要扣 30% 的股息稅確實有點傷。如果換個角度看，美股的成長性更高，只要公司有實力持續成長，假設股價從 100 元漲到 500 元，如果穩定同樣都發 1% 的股息，股息金額也會成長五倍。

　　高股息很吸引人，但真正的高股息精華股是股息和價差兩者都賺，所以在投資前要綜合考量成長性和穩健度等整體報酬，以免賺到股息卻賠了股價反而變成虧損，不一定划得來，因為有時股息殖利率被推高是因為股價下跌，假設股價 100 元下跌到 50 元，發放 2 元股息從市價的殖利率來看就像是 2% 升到 4%，不是因為公司營收成長而使殖利率增加。

在美股中有許多高成長的好公司沒有配息，因此也不會被納入高股息 ETF 中，這些公司有時候會利用股票回購或是將配息資金做更好的投資運用來回報股東。公司發放高股息最好要來自本業的獲利成長，而不是因為變賣資產或是偶爾的業外收益等因素。

在高股息 ETF 中，為了避免賺股息而賠差價，成分股的公司品質就顯得相當重要。目前較具規模的美股高股息 ETF 成分股表現都相對穩健。這類型的 ETF 在經濟成長期的股價漲幅未必能跟得上市場，但在市場下跌時也不會太糟，偏向穩定型投資。選擇上以配息穩定且價格持續成長的 ETF 為佳，規模大和成分股品質高又多元的組合會是不錯的選擇方向。另外投資者也可以參考市場對高股息公司的分類，按以下原文搜尋最新相關名單，像是股息王、股息貴族和股息冠軍，例如「ProShares S&P 500 股利貴族 ETF」就是按以下條件納入成分股。

- ♦ **股息王**（Dividend Kings）：股息連續成長超過 50 年
- ♦ **股息貴族**（Dividend Aristocrats）：股息連續成長超過 25 年、S&P 500 成分股、市值大於 30 億美元，以及日均交易量須達 500 萬美元以上
- ♦ **股息冠軍**（Dividend Champions）：股息連續成長超過 25 年、不需是 S&P 500 成分股、市值不需大於 30 億美元

美股有許多高股息 ETF 是季配息或是月配息，可以選擇直接入帳，或是設定「股息再投資」，讓系統自動幫你將這筆股息再買進原股票，日積月累的長期複利結果會相當讓人驚豔。美國券商幾乎都有

提供這項選擇，但非美國籍人士會先被扣掉 30% 的股息稅後再投資。使用複委託方式的投資人目前還是要自己手動下單，考量手續費成本高，可以累積多一點金額，等更好的買點時機再投入。

表 11-2-1 高股息 ETF

ETF 代號	ETF 名稱	規模（百萬美元）	費用率	成立年份
VIG	Vanguard 股利增值 Vanguard Dividend Appreciation ETF	73,200	0.060%	2006
VYM	Vanguard 高股利收益 Vanguard High Dividend Yield ETF	50,900	0.060%	2006
SCHD	Schwab 美國高股利股票型 Schwab US Dividend Equity ETF	52,100	0.060%	2011
DGRO	iShares 核心股息成長 iShares Core Dividend Growth ETF	25,100	0.080%	2014
SDY	SPDR 標普高股利 SPDR S&P Dividend ETF	20,700	0.350%	2005
DVY	iShares 精選高股利指數 iShares Select Dividend ETF	18,900	0.380%	2003
HDV	iShares 核心高股利 iShares Core High Dividend ETF	10,400	0.080%	2011
NOBL	ProShares S&P 500 股利貴族 ProShares S&P 500 Dividend Aristocrats ETF	11,700	0.350%	2013
RDVY	First Trust 股息成長精選 First Trust Rising Dividend Achievers ETF	9,200	0.500%	2014
SPYD	SPDR 投資組合 S&P 500 高股利 SPDR Portfolio S&P 500 High Dividend ETF	6,800	0.070%	2014
DGRW	WisdomTree 美國股利成長 WisdomTree US Quality Dividend Growth ETF	11,300	0.280%	2013

參考來源：Morningstar 2024.01 ／作者整理

11-3

熊市訊號？
VIX 波動率指數 ETF

VIX（Volatility Index）波動率指數也常被稱作「恐慌指數」，是全球預測美股市場在短期內可能的波動幅度之參考指標，投資者也會藉由 VIX 指數觀察市場情緒及衡量市場的風險狀態。每當股市波動幅度較大時，常常會聽聞有關 VIX 恐慌指數的訊息，相關投資產品的交易量在這時候通常都會增加而變得醒目。

VIX 指數以 S&P 500 指數未來 30 天的選擇權價格為計算基礎，推測 S&P 500 指數在未來 30 天的波動走勢。選擇權是一種投資人買賣未來價格的權利交易，在未來的特定期間內可以根據約定的價格買進或賣出，所以 VIX 指數用的不是過去的歷史價格，而是以投資人對未來看漲或看跌的交易趨勢來推測波動。S&P 500 指數占美股市值約八成，它的動向便成為預測美股市場的參考工具之一。VIX 指數越高表示市場預期未來波動的幅度越大，顯示市場比較恐慌和悲觀，反之指數越低，表示市場預期未來波動幅度較低，市場情緒較樂觀。

　　表 11-3-1 是根據標普道瓊指數公司提供的 VIX 指數和市場情緒對照參考，用較簡易的方式辨識市場的狀態變化。

表 11-3-1 VIX 與市場情緒

VIX 指數	波動程度	市場情緒
0-15	低波動	情緒樂觀
>15-20	緩和波動	情緒平和
>20-25	中等波動	情緒不安
>25-30	高波動	情緒浮躁
>30+	劇烈波動	情緒恐慌

參考來源：S&P Global

　　VIX 指數通常在股市上漲時會下跌，在股市下跌時會上漲，但不是絕對，因為它反映的只有速度和交易量所形成的波動幅度。這種趨勢看法是基於當股市上漲時，市場情緒通常較穩定樂觀，而股市下跌時容易觸發市場不理性的恐慌情緒，短時間的交易量變化比較劇烈，使 VIX 指數的數值上升。它不完全是做多或做空時機的參考，因為在緩漲或緩跌的情況下，VIX 指數都會處於偏低狀態，反而在預期會有大幅下跌的情況下，投資 VIX 較為合適。

　　VIX ETF 可以作為一種預防大幅下跌的避險投資，適合短期交易而不適合長期持有。圖 11-3-1 是 S&P 500 指數和 VIX 指數關係圖，可看出每當市場大幅下跌時，VIX 指數都會快速上升。

圖 11-3-1 S&P 500 指數與 VIX 走勢圖

圖片來源：MacroMicro 2023

表 11-3-2 VIX 指數相關 ETF

ETF 代號	ETF 名稱	規模 （百萬美元）	費用率	成立 年份
VIXY	ProShares 波動率指數短期期貨 ProShares VIX Short-Term Futures ETF	165	0.950%	2011
VIXM	ProShares 波動率指數中期期貨 ProShares VIX Mid-Term Futures ETF	38	0.930%	2011
UVXY	ProShares 做多短期波動率指數期貨 ProShares Ultra VIX Short-Term Futures ETF	366	0.950%	2011
SVXY	ProShares 放空短期波動率指數期貨 ProShares Short VIX Short-Term Futures ETF	263	0.950%	2011

參考來源：Morningstar 2024.01／作者整理

11-4

共好趨勢：
ESG 企業永續發展 ETF

　　全球現在講究企業的完善發展，所謂的發展已不再侷限於事業版圖和獲利數字，而包含著環境保護、社會責任和公司治理，這就是 ESG（Environmental、Social、Governance）永續發展的概念。尤其這幾年的氣候和環境的變化顯著，世界地球村也開始重視如何在積極追求經濟成長的同時也能維護社會和地球，共同讓世界往更好的方向前進。雖然在一般公司審查中不會特別強調 ESG 評級，但投資者可以將它視為更了解公司長期發展的輔助參考。在未來的政策和企業合作條件方面，公司的 ESG 評級可能也會成為重要的考量指標之一。

◆ **環境保護**：碳排放量、汙染和廢物處理、再生能源使用
◆ **社會責任**：產品責任、勞工和客戶權益、個資安全、社會回饋
◆ **公司治理**：內部管控、股東權益、財務透明度、企業道德倫理

現階段 ESG 還沒有統一標準化的評級方式，但許多知名的機構都有推出自己的評級系統，從較具規模的 ESG ETF 名單中可以觀察到 MSCI ESG 評級的廣泛使用。MSCI 將公司 ESG 評分由高到低分為七個等級：領先（AAA、AA）、平均（A、BBB、BB）到落後（B、CCC），詳細資訊可以透過 MSCI 的官網查詢，或是用 Google 搜尋「MSCI ESG Ratings & Climate Search Tool」，輸入你想查詢的公司股票代號，詳細的相關評估摘要就會顯示出來。

一般較方便投資者查詢的方式是使用 Morningstar 網站，進入個股頁面後點選「Sustainability」就會看到該公司在 ESG 和永續經營方面的評分，只是 Morningstar 和 MSCI 的 ESG 評分系統不太一樣，但都同樣具有參考價值。現實中，ESG 表現好並不代表公司的基本面或是競爭力也很優異，因此具備獲利能力和永續經營的綜合考量就相當重要，ESG ETF 是經篩選的一籃子 ESG 優質股票，可以從成分股中確認後再決定是否投資。

表 11-4-1 ESG 相關 ETF

ETF 代號	ETF 名稱	規模 (百萬美元)	費用率	成立年份
ESGU	iShares ESG 永續意識 MSCI 美國 iShares ESG Aware MSCI USA ETF	13,200	0.150%	2016
ESGD	iShares ESG 永續意識 MSCI 歐澳遠東 iShares ESG Aware MSCI EAFE ETF	7,500	0.200%	2016
ESGE	iShares ESG 永續意識 MSCI 新興市場 iShares ESG Aware MSCI EM ETF	4,000	0.250%	2016
SUSA	iShares MSCI 美國 ESG 精選 iShares MSCI USA ESG Select ETF	5,200	0.250%	2005

ETF 代號	ETF 名稱	規模 （百萬美元）	費用率	成立 年份
ESGV	Vanguard ESG 美股 Vanguard ESG US Stock ETF	7,300	0.090%	2018
DSI	iShares MSCI KLD 400 社會責任 iShares MSCI KLD 400 Social	4,000	0.250%	2006
SUSL	iShares ESG MSCI 美國領導者 iShares ESG MSCI USA Leaders ETF	1,100	0.100%	2019
EFIV	SPDR S&P 500 ESG SPDR S&P 500 ESG ETF	1,100	0.100%	2020

參考來源：Morningstar 2024.01 ／作者整理

附錄 /

參考資料

美國聯邦儲備理事會（Board of Governors of the Federal Reserve System）
www.federalreserve.gov

美國國稅局（Internal Revenue Service, IRS）
www.irs.gov

經濟學人智庫（Economist Intelligence Unit, EIU）
www.eiu.com/n/

聯合國人口發展報告（United Nations, UN）
www.un.org/en/global-issues/population

美國經濟諮商局（The Conference Board）
www.conference-board.org

經濟合作暨發展組織（The Organization for Economic Co-operation and Development, OECD）
www.oecd.org

美國經濟分析局（U.S. Bureau of Economic Analysis, BEA）
www.bea.gov

美國勞工統計局（Bureau of Labor Statistics, BLS）
www.bls.gov

美國普查局（U.S. Census Bureau）
www.census.gov

美國勞工部（U.S. Department of Labor）
www.dol.gov

美國供應管理協會（Institute for Supply Management, ISM）
www.ismworld.org

美國商務部（US Department of Commerce）
www.commerce.gov

全美房屋營建商協會（National Association of Home Builders, NAHB）
www.nahb.org

全美房地產經紀人協會（National Association of Realtors, NAR）
www.nar.realtor

國際能源總署（International Energy Agency, IEA）
www.iea.org

世界黃金協會（World Gold Council）
www.gold.org

國際穀物理事會（International Grains Council, IGC）
www.igc.int/en/default.aspx

國發會 – 景氣指標查詢系統
index.ndc.gov.tw/n/zh_tw/leading#

富達投信 – 產業表現（Fidelity Sector performance）
digital.fidelity.com/prgw/digital/research/sector

標普全球（S&P Global）
www.spglobal.com

MSCI 明晟（Morgan Stanley Capital International）
www.msci.com

國家圖書館出版品預行編目 (CIP) 資料

順勢投資美股 ETF：讓世界頂尖公司和經濟趨勢為你
賺錢 /
元澄著 . -- 臺北市：三采文化股份有限公司，2024.03
　面；　公分 . -- (iRICH；37)
ISBN 978-626-358-241-5(平裝)

1.CST: 基金 2.CST: 股票 3.CST: 投資

563.5　　　　　　　　　　　112018791

suncolor
三采文化

iRICH 37

順勢投資美股 ETF
讓世界頂尖公司和經濟趨勢為你賺錢

作者｜元澄　　審訂｜高韡庭
編輯三部 主編｜喬郁珊　　責任編輯｜吳佳錡　　校對｜黃薇霓
美術主編｜藍秀婷　　美術編輯｜方曉君
書封設計、版型設計、內頁編排｜FE 設計 葉馥儀

發行人｜張輝明　　總編輯長｜曾雅青　　發行所｜三采文化股份有限公司
地址｜台北市內湖區瑞光路 513 巷 33 號 8 樓
傳訊｜TEL:(02) 8797-1234　FAX:(02) 8797-1688　　網址｜www.suncolor.com.tw
郵政劃撥｜帳號：14319060　　戶名：三采文化股份有限公司
初版發行｜2024 年 3 月 22 日　　定價｜NT$450
　　　2 刷｜2024 年 5 月 30 日